ଏକ ପ୍ରଜାପତିର ମୃତ୍ୟୁ

ଏକ ପ୍ରଜାପତିର ମୃତ୍ୟୁ

ଡା. ଦୀନବଂଧୁ ସାହୁ

ବ୍ଲାକ୍ ଇଗଲ୍ ବୁକ୍ସ
ଭୁବନେଶ୍ୱର, ଓଡ଼ିଶା

BLACK EAGLE BOOKS
Dublin, USA

ଏକ ପ୍ରଜାପତିର ମୃତ୍ୟୁ / ଡା. ଦୀନବଂଧୁ ସାହୁ

BLACK EAGLE BOOKS

USA address:
7464 Wisdom Lane, Dublin, OH 43016

India address:
E/312, Trident Galaxy, Kalinga Nagar, Bhubaneswar-751003, Odisha, India

E-mail: info@blackeaglebooks.org
Website: www.blackeaglebooks.org

First International Edition Published by
BLACK EAGLE BOOKS, 2024

EKA PRAJAPATIRA MRUTYU
by Dr. Dinabandhu Sahoo

Copyright © **Dr. Dinabandhu Sahoo**

All rights reserved. No part of this publication may be reproduced, stored in a retrieval system, or transmitted, in any form or by any means, electronic, mechanical, photocopying, recording or otherwise without the prior permission of the publisher.

Cover: **Dr. Dinabandhu Sahoo**
Interior Design: Ezy's Publication

ISBN- 978-1-64560-521-8 (Paperback)

Printed in the United States of America

ସତ୍ୟ ଶିବ ସୁନ୍ଦର
ପ୍ରେମ ହିଁ ଜୀବନ, ଜୀବନ ହିଁ ପ୍ରେମ

ପ୍ରେମରେ ବିଶ୍ୱାସ ରଖୁଥିବା
ହାରି ଜିତିଥିବା, ଜିତି ହାରିଥିବା
ସମସ୍ତ ପ୍ରେମିକ ପ୍ରେମିକାଙ୍କୁ...

କୃତଜ୍ଞତା

ପ୍ରେମମୟ ପୃଥିବୀରେ
ପାଦ ଥାପିବାର
ସାମର୍ଥ୍ୟ ଓ ସୁଯୋଗ ଦେଇଥିବା
ପରମ ଆରାଧ୍ୟ ପିତାମାତା,
ଜ୍ଞାନାଞ୍ଜନରେ ଉଦ୍‌ଭାସିତ କରି
ଶୈଶବରୁ ଏବଯାଏଁ
ବାଟଚାଲି ଶିଖାଇଥିବା
ଚିର ନମସ୍ୟ ଗୁରୁ...

ସ୍ୱପ୍ନ, କଳ୍ପନା ଓ ବାସ୍ତବତାର
ଅନନ୍ୟ ସ୍ୱାଦ ପରଷିଚାଲିଥିବା
ପ୍ରକୃତି କୋଳରେ ସଂଘଟିତ
ପ୍ରେମ ଓ ବିରହର ବିବିଧାନୁଭବ...

ହାରଜିତ୍‌ର ଊର୍ଦ୍ଧ୍ୱରେ
ଉଭୟ କଳ୍ପନାକାଶ ଓ ଭାବବାରିଧିରେ
ବିଚରଣ କରିବାକୁ ଏକ ରକମ
ବାଧ୍ୟ କରୁଥିବା ପ୍ରେମ ଓ ସୂକ୍ଷ୍ମ ସମ୍ପର୍କର
ପ୍ରବହମାନ ଆବେଗ...

ସର୍ଜନ ଯାତ୍ରାର
ପ୍ରତିଟି ପଦକ୍ଷେପରେ
ବିଶ୍ୱାସ, ଭରସା ଓ ତ୍ୟାଗର ମୁରୁଜ ଆଙ୍କୁଥିବା
ଆଦରଣୀୟା ପତ୍ନୀ ଡା.ନିବେଦିତା ସାହୁ
ପୁତ୍ର ଅମ୍ଳାନ ଅକ୍ଷୟାଂଶୁ ଓ ପ୍ରିୟ ପରିବାରବର୍ଗ ।

ସମସ୍ତଙ୍କ ନିକଟରେ ମୋର
ସବିନୟ କୃତଜ୍ଞତା ।

ସମସାମୟିକ ସମସ୍ତ ଗୀତିକବି, 'କଥା କଥା କବିତା କବିତା', 'କାବ୍ୟାଲୋକ', 'ଭିଜାମାଟି', 'ଆଇନା', 'ଦୀପ୍ତିସୁଧା', 'ଆମ ପଞ୍ଚବଟୀ', 'ନିର୍ବାଣ', 'ନବରାଗ', 'ନୀଳନଇଁ', 'କନଫୁଲ', 'ଗୋକର୍ଣ୍ଣିକା', 'ପଲକ', 'ଚିରନ୍ତନୀ', 'ପ୍ରାଚୀଧାରା', 'ଏଇ ସହକାର', 'ସମାରୋହ', 'ପାହାଚ', 'ଉର୍ବୀ', 'ପରାଗ' ଆଦି ଅନେକ ସାହିତ୍ୟ ପତ୍ରିକା ଏବଂ ସଂପୃକ୍ତ ସମ୍ମାନନୀୟ ସମ୍ପାଦକବୃନ୍ଦ, ଯେଉଁମାନେ ଗୀତି କବିତା ରଚନା ଓ ଲିଖନ ପ୍ରକ୍ରିୟାକୁ ନିରପେକ୍ଷ ସମର୍ଥନ ଦେବା ସହିତ ମୋର ଅନ୍ତର୍ନିହିତ କବିସତ୍ତାଟିକୁ ସର୍ଜନମୁଖର ତଥା ସୁରକ୍ଷିତ ରଖିଛନ୍ତି । ସତୀର୍ଥ ବହୁ ବରିଷ୍ଠ, ସମକାଳୀନ ତଥା ଅନୁଜ କବି, ଗାଳ୍ପିକ, ପ୍ରାବନ୍ଧିକ ଆଦି ବ୍ୟକ୍ତି ବିଶେଷ ଯେଉଁମାନେ ସାହିତ୍ୟରେ ମୋର ଆଗ୍ରହ ଓ ଅନୁରକ୍ତିକୁ ବଳବତ୍ତର ରଖିବା ପାଇଁ ସଦାସର୍ବଦା ସାହସ ଓ ବିଶ୍ୱାସ ପ୍ରଦାନ କରିଆସିଛନ୍ତି ।

ସମ୍ମାନନୀୟ ସାହିତ୍ୟିକ ଡଃ ଦାଶରଥି ଆଚାର୍ଯ୍ୟ ଅତ୍ୟନ୍ତ ଶ୍ରଦ୍ଧା ଓ ଯତ୍ନର ସହିତ ଯେ ଉଭୟ ମୁଦ୍ରଣ ଓ ବନାନଗତ ତ୍ରୁଟିଗୁଡ଼ିକୁ ଠାବକରି ସେଗୁଡ଼ିକୁ ସଂଶୋଧିତ କରିଛନ୍ତି, ବନ୍ଧୁ ପରମେ, ଲଳିତ ଦା', ସୁକାନ୍ତ ବାବୁ, ଭରତ ସାର୍, ସାହିତ୍ୟିକ ସୁଶାନ୍ତ ଲେଙ୍କା, ସୁଦର୍ଶନ ଦାସ, ସଂଗ୍ରାମ ଓ ଶରତଙ୍କ ପରି ଅନେକେ ଯେଉଁମାନେ ସଶ୍ରଦ୍ଧ ସହଯୋଗ ସହ ଅସରନ୍ତି ଶୁଭେଚ୍ଛା ଯାଚି ଦେଇଛନ୍ତି ।

କାବ୍ୟଗ୍ରନ୍ଥଟିର ପ୍ରସ୍ତୁତି ଓ ପ୍ରକାଶନ ଦାୟିତ୍ୱ ନେଇଥିବା କବି ସତ୍ୟ ପଟ୍ଟନାୟକ, ବନ୍ଧୁ ଅଶୋକ ପରିଡ଼ା ଓ ବ୍ଲାକ୍ ଇଗଲ୍ ବୁକ୍ସ ପ୍ରକାଶନ ସଂସ୍ଥାଙ୍କୁ ଯେ ଅତ୍ୟନ୍ତ ଆଦର ଓ ସମ୍ମାନର ସହିତ ମୋର ସାହିତ୍ୟ ସର୍ଜନାକୁ ଦୃଢ଼ ଆସ୍ଥା ଓ ବିଶ୍ୱାସର ସହ ଗ୍ରହଣ କରିଛନ୍ତି ।

ସଭିଙ୍କୁ ମୋର ଆନ୍ତରିକ ପ୍ରଣାମ ଓ କୃତଜ୍ଞତା ଜ୍ଞାପନ କରୁଛି ।

।। କଥା କେଇ ପଦ... ।।

ଗୀତି କବିତାର ମାୟା, ମୋହ ଓ ଆକର୍ଷଣ ସର୍ବଦା ସ୍ୱତନ୍ତ୍ର ଓ ନିଆରା । କେଜାଣି କେମିତି ବେଳେବେଳେ ଭାରି ଇଚ୍ଛା ହୁଏ ଗୀତି କବିତାରେ ହଜିବା ପାଇଁ, ଏକ ବିମଳ ଭାବରେ ବତୁରିବା ପାଇଁ, ଏକ ସାଂଗୀତିକ ଲାଳିତ୍ୟର ଭରପୂର ଆନନ୍ଦ ନେବା ପାଇଁ ।

ଆଜକୁ ପ୍ରାୟ ଠିକ୍ ବାରବର୍ଷ ତଳର କଥା । ମୋର ସ୍ପଷ୍ଟ ମନେ ଅଛି, ଏକ ସୁନ୍ଦର ପ୍ରଜାପତିଟିଏ ମୋ' ପଢ଼ା ଟେବୁଲ୍ ସଂଲଗ୍ନ କାଛରେ ଆସି ପ୍ରାୟ ପାଞ୍ଚ/ଛଅ ଦିନ ଧରି ବସି ରହିଥିଲା । ପ୍ରଜାପତିଟି ଏତେ ଆକର୍ଷଣୀୟ ଥିଲା ଯେ, ତା'କୁ ଆଖିରେ ଉପଭୋଗ କରୁଥିଲି ସିନା ସାମନ୍ୟତମ ହଲ୍‌ଚଲ୍ କରିବାକୁ ମନ ବଳୁ ନ ଥିଲା । ପ୍ରତିଦିନ ଡାକ୍ତରଖାନାରୁ ଘରକୁ ଫେରିଆସି ଦେଖେ ତ ପ୍ରଜାପତିଟି ସେମିତି ବସି ରହିଥାଏ, ମୋତେ ଏକରକମ ଆଶ୍ଚର୍ଯ୍ୟ କରିଦେଲା ଭଳି । ମୋର ଉତ୍ସୁକତାର ବି ସୀମା ରହୁ ନ ଥିଲା, ଆଃ! ଆଜି ପ୍ରଜାପତିଟି ଥିବ ନା' ନାହିଁ । ପ୍ରତିଦିନ ଘରକୁ ଆସୁ ଆସୁ ମୋର ପ୍ରଥମ କାମ ଥିଲା ଏ କଥାଟିର ତଦାରଖ କରିବାରେ । ସତେ ଯେମିତି ପ୍ରଜାପତିଟି ମୋର କେହିଜଣେ ଅନ୍ତରତମ ସାଥୀ ଥିଲା, ବନ୍ଧୁପଣରେ ଆସିଥିଲା ମୋ' ଘରକୁ । ସେ ପ୍ରଜାପତିଟିକୁ ନେଇ ମୋର ଭାବ, ଭାବନା ଓ ଭାବାନ୍ତର କହିଲେ ନ ସରେ! ସବୁଠୁ ଦୁଃଖଦ ଥିଲା, ଦିନେ ଯେତେବେଳେ ପ୍ରଜାପତିଟିକୁ ପଢ଼ାଟେବୁଲ୍‌ରେ ଖସି ପଡ଼ିଥିବାର ଦେଖିଲି ଏବଂ ସେତେବେଳକୁ ତା'ର ଦେହାନ୍ତ ହୋଇ ସାରିଥିଲା ।

ମୃତ ପ୍ରଜାପତିଟିର କଳ୍ପାୟିତ ଜୀବଚରିତ, ପ୍ରଜାପତିଟିର ମୃତ୍ୟୁକୁ ନେଇ ଶୋକ, ତା'ସଫଳ, ଅସଫଳ ପ୍ରେମଭୋଗକୁ ନେଇ ଗତିଶୀଳ ମୋର ଗୀତି ସର୍ଜନା ।

ଏଭଳି ଏକ ବ୍ୟକ୍ତିଗତ ଅନୁଭବକୁ ନେଇ 'ଏକ ପ୍ରଜାପତିର ମୃତ୍ୟୁ' ଗୀତିକବିତାର ଲେଖା, ଯାହା ଅନ୍ୟତମ ସାହିତ୍ୟ ପତ୍ରିକା ୨୦୧୧, 'କଥା କଥା କବିତା କବିତା' ବିଷୁବ ସଂଖ୍ୟାରେ ପ୍ରଥମେ ପ୍ରକାଶିତ ହୋଇଥିଲା । ଆନ୍ତରିକ କୃତଜ୍ଞତା କବି ଅଗ୍ରଜ ତଥା ସମ୍ପାଦକ ଅକ୍ଷୟ ଭାଇଙ୍କୁ ମୋର ଏ ଗୀତିକବିତା ରଚନାର ଆଦ୍ୟ ପ୍ରୟାସକୁ 'କକକକ'ରେ ସ୍ଥାନିତ କରି ଉତ୍ସାହିତ କରିଥିବାରୁ । କେଜାଣି କାହିଁକି ପୁଣିଥରେ ଇଚ୍ଛାହେଲା, ସେଇ ହଜିଲା ଆବେଗରେ ହଜିବା ପାଇଁ, ଭିଜିବା ପାଇଁ । ସେଇ ପରିପ୍ରେକ୍ଷୀରେ କିଛି ସମଧର୍ମୀୟ ଗୀତିକବିତା, ବହୁପଦୀର ସଂରଚନା ଯାହାକୁ ନେଇ ଏ ଚିତ୍ରକାବ୍ୟ ପୁସ୍ତକର ପରିକଳ୍ପନା ।

ନଶ୍ୱର ପୃଥିବୀରେ ପ୍ରେମ ହିଁ ଚିରନ୍ତନ ସତ୍ୟ । ପ୍ରେମ ଶିବ, ସୁନ୍ଦର ଓ ସ୍ୱର୍ଗୀୟ । ପ୍ରେମ ଜୀବନର ଐଶ୍ୱର୍ଯ୍ୟ । ପ୍ରେମ ହିଁ ବଂଚିବାର ଏକମାତ୍ର ଅବଲମ୍ବନ ତଥା ଜୀବନର ଅମୂଲ୍ୟ, ଅପରିହାର୍ଯ୍ୟ ଉପାଦାନ । ସୃଷ୍ଟିର ସୁନ୍ଦରତମ ମାଧୁର୍ଯ୍ୟ ପ୍ରେମ । ମିଳନ ଓ ବିରହର ଊର୍ଦ୍ଧ୍ୱରେ ପ୍ରେମ ଏକ ଶାଶ୍ୱତ ଅନୁଭବ । ଏ ଅନୁଭବ ଟିକକ ଜହ୍ନରାତିର ବିମଳ ରଜତ ଜ୍ୟୋସ୍ନା ପରି ପୁଲକ ପ୍ରଦାୟୀ, ବସନ୍ତର ମୃଦୁମଳୟ ପରି ସମ୍ମୋହକ । ପ୍ରେମ, ପ୍ରୀତି ମଣିଷ ମନର ସ୍ୱାଭାବିକ ଏବଂ ସ୍ୱତଃସ୍ଫୂର୍ତ୍ତ ଅଭିବ୍ୟକ୍ତି । ପ୍ରେମାଚ୍ଛନ୍ନତା ଉଭୟ ପ୍ରେମିକ ଓ ପ୍ରେମିକାଙ୍କ ପାଇଁ ଏକ ବିହ୍ୱଳିତ ସ୍ଥିତି । ସମୟ ଓ ପରିସ୍ଥିତିଦାୟରେ ପ୍ରାପ୍ତି, ଅପ୍ରାପ୍ତିର ବାସ୍ତବ ସ୍ପର୍ଶରେ ପ୍ରେମୀ ଜୀବନର ପ୍ରବାହ କେତେବେଳେ ସ୍ୱପ୍ନିଳ ହୋଇଉଠେ ତ କେତେବେଳେ ଦଗ୍ଧଧୂମିଳ । ଏହି ମର୍ମରେ ରସମୟୀ ପ୍ରେମ କେବେ ଛଳଛଳ କଳକଳ ଝରଣାର ସ୍ୱନ ଓ କେତେବେଳେ ନିଦାଘର ଦଗ୍ଧ ଦ୍ୱିପ୍ରହର, ଉତ୍ତପ୍ତ ଗ୍ରୀଷ୍ମ ପ୍ରବାହ । ପ୍ରେମରେ ଥାଏ ପ୍ରାପ୍ତିର ଆତ୍ମତୃପ୍ତି, ଥାଏ ବି ହାରିବାର ଆତ୍ମଗ୍ଲାନି, ପାଇ ନ ପାଇବାର ହତାଶା, ଦୁଃଖବୋଧ । ପ୍ରେମର ଅନିନ୍ଦ୍ୟ ସ୍ପର୍ଶରେ ପ୍ରେମିକ ପ୍ରେମିକାର ହୃଦୟ ଓ ଆତ୍ମା କେବେ ବଜ୍ରସମ ସଶକ୍ତ ହୋଇଉଠେ ତ କେତେବେଳେ ବାସ୍ପା ବିଭୋର କୋମଳାତିକୋମଳ ହୋଇଉଠେ ସଦ୍ୟ ପ୍ରସ୍ଫୁଟିତ ଫୁଲଟିଏ ପରି । କୌଣସି ପ୍ରାପ୍ତି ଅପ୍ରାପ୍ତିର ନିର୍ଦ୍ଦିଷ୍ଟ ଅଙ୍କକଷାରେ ପ୍ରେମ ନିଜକୁ ସୀମାବଦ୍ଧ

କରି ନ ଥାଏ, ବରଂ ସ୍ୱର୍ଗୀୟ ଆନନ୍ଦ ଯାଚି ଦେଇଥାଏ ନିଃସର୍ତ୍ତ, ନିଃସ୍ୱାର୍ଥ ଭଲ ପାଇବାର ସାତ୍ତ୍ୱିକ ପ୍ରକ୍ରିୟାରେ, ଅସୀମ ତ୍ୟାଗ ଓ ଉତ୍ସର୍ଗପଣରେ । ହାରିବା, ଜିତିବାର ବୈଚିତ୍ର୍ୟମୟ ସମାହାର ହେଉଛି ପ୍ରେମ । ରକ୍ତମାଂସର ଶରୀର କ୍ଷଣସ୍ଥାୟୀ ଅଥଚ ପ୍ରେମ ଅନନ୍ତ, ଅମାପ, ଚିରପ୍ରବହମାନା ।

ପ୍ରେମ ହୃଦୟରୁ ନିଃସୃତ ଏକ ଆବେଗିକ ଫଲ୍‌ଗୁ ଯାହା ଅପରକୁ ଆହ୍ଲାଦ ଓ ଆନନ୍ଦରେ ବିଭୋର କରିଥାଏ । ପ୍ରେମ ଏକ ରସାଳ, ମଧୁର ଏବଂ ପବିତ୍ର ଅନୁଭବ । ପ୍ରେମ ନିଶବ୍ଦ ନିଶିଥର ବଂଶୀସ୍ୱନ । ସାଥୀହରା ଚକୋରର ଆର୍ତ୍ତ ଅନୁଭବ । ପ୍ରେମ ରଜନୀଗନ୍ଧାର ସୁରଭି । ଜୀବନ ଆଷାଢ଼ର ବିମଳ ଶାଶ୍ୱତ ବାରିଧାରା, ପ୍ରାଣର ରୋମାଞ୍ଚ, ଅନିନ୍ଦ୍ୟ ପୁଲକ । ବାସ୍ତବ ଓ କଳ୍ପନାର ସ୍ୱର୍ଣ୍ଣାଞ୍ଜନବୋଳା କାଉଁରୀ ଅନୁଭବ । ନିରାଶା ମରୁରେ ଆଶା ଶତଦଳ । ଜହ୍ନ ଓ କଇଁର ନିଃସର୍ତ୍ତ ପ୍ରଣୟ ଅଭିସାର । ନିର୍ଜୀବ ଦେହରେ ପ୍ରାଣ ଓ ପୁଲକର ସଂଚରଣ, ଏକ ଅମୀୟ ଉଦ୍‌ବେଳନ । ପ୍ରେମ ସଦ୍ୟ ସକାଳର ସୁନେଲି କିରଣ । ପ୍ରେମ ପୌଷ ସକାଳର ସ୍ନିଗ୍ଧ, ସ୍ୱଚ୍ଛ କାକର ବିନ୍ଦୁ । ଅସହାୟ ନିଃସଂଗପଣର ଅନ୍ତରଙ୍ଗ ସହଯାତ୍ରୀ । ଶୁଷ୍କ ମରୁଭୂମିରେ ମରୁଦ୍ୟାନର ସବୁଜ ପ୍ରତିବିମ୍ବ । ଏହା ଭାବ ଓ ଆବେଗର ସାତ୍ତ୍ୱିକ ସମନ୍ୱିତ ପ୍ରବାହ । ଅନ୍ତଃକରଣର ଅନାହତ ଉପଲବ୍‌ଧି ଓ ନିର୍ମଳ ଉଚ୍ଚାରଣ । ଛନ୍ଦ, ଲାସ୍ୟ, ହାସ୍ୟ ଲାଳିତ୍ୟରେ ବର୍ଣ୍ଣମୟ ପ୍ରେମର ସକଳ ସ୍ୱରୂପ । ରୂପାନ୍ତରରେ ପ୍ରେମ କୋଇଲିର କୁହୁତାନ, ପଳାଶର ବର୍ଣ୍ଣରାଗ, ଇନ୍ଦ୍ରଧନୁର ରଙ୍ଗମୟ ଆଭା, ଜୀବନର ଶାସ୍ତ୍ରୀୟ ରାଗଲିପି, ବିଭାମୟ ବୈଭବ ।

ପ୍ରେମ ମାନବ ହୃଦୟର ଅନ୍ତଃସ୍ୱର । ଜୀବନ ବର୍ଣ୍ଣବୋଧରେ 'ଅ' ଠାରୁ 'କ୍ଷ' ପର୍ଯ୍ୟନ୍ତ ପରିବ୍ୟାପ୍ତ ସୂକ୍ଷ୍ମ ସରଳ ଅନୁଭବର ସୌକୁମାର୍ଯ୍ୟ ରୂପରେଖ । ପ୍ରେମ ଅନୁଭବୀ ହୃଦୟର ଅନ୍ତରଙ୍ଗ ଆବାହିକା । ପ୍ରେମ କବିତା ସୃଷ୍ଟି ମାଧ୍ୟମରେ ଅପ୍ରକାଶ୍ୟ ହୃଦୟର କଥାକୁ ରୂପ ଦେଇଥାଏ ପ୍ରେମିକ କବି । ସୂର୍ଯ୍ୟୋଦୟ, ସୂର୍ଯ୍ୟାସ୍ତ ପରି ପ୍ରକୃତିର ଅସରନ୍ତି ମନୋଲୋଭା ମାଧୁର୍ଯ୍ୟ, ବର୍ଷାର ରିମିଝିମି ତାନ, ଶୀତର ଉଷ୍ମତା, ଗ୍ରୀଷ୍ମର

ରୌଦ୍ରତା ସବୁକିଛିର ସମାହାର ଏ ପ୍ରେମ । ପ୍ରେମର କାଉଁରୀ ପରଶରେ ମଣିଷ ଜୀବନ ହୋଇଉଠେ ପାରିଜାତ ପରିପୂର୍ଣ୍ଣ । ସୌନ୍ଦର୍ଯ୍ୟ, ଲାଳିତ୍ୟ, ଛନ୍ଦ, ରସର ବର୍ଣ୍ଣନାତୀତ ପୁଷ୍ପପୀଠ । ପ୍ରେମର ମନ୍ଦିରରେ ହିଁ ହୃଦୟର ପୂଜନ । ହୃଦୟ ମନ୍ଦିରରେ ପ୍ରେମର ଆରାଧନା । ଭାବଭୂମି ହିଁ ପ୍ରେମ ଉଆସର ମୂଳାଧାର । ହୃଦୟର ଅନୁଭବ, ସ୍ନେହ, ସ୍ମୃତି ଓ ସମ୍ଭାବନାର ସ୍ୱର୍ଣ୍ଣିମ ପୁଟରେ କୁଟିକମ କରା ପ୍ରେମ ମହଲର କାନ୍ଥ । ଛାତିର ସ୍ପନ୍ଦନରେ ପ୍ରେମ ମନ୍ଦିରର ଗର୍ଭଗୃହର ଅନୁରଣନ । ପ୍ରେମ ପରମ ଶକ୍ତିଶାଳୀ । ପ୍ରେମ ଧୂସର, ଊଷର ବଞ୍ଜର ମାଟିକୁ କରିପାରେ ଶସ୍ୟଶ୍ୟାମଳା । ଘନଘୋର ଅନ୍ଧାର ରାତିରେ ସର୍ଜିପାରେ ଚନ୍ଦ୍ରାଲୋକର ଛଟା । ଘନକୃଷ୍ଣ ବାଦଲ ଫାଙ୍କରେ ଆଙ୍କିପାରେ ଇନ୍ଦ୍ରଧନୁର ମୁରୁଜ । ବରଫାବୃତ ତୁନ୍ଦ୍ରାଞ୍ଚଳରେ ଜଗାଇପାରେ ଗୋଲାପ ବଣ । ପ୍ରେମ ଦେଇପାରେ ଈଶ୍ୱରାନୁଭବ, ଯାଚିପାରେ ମୋକ୍ଷ ପ୍ରାପ୍ତିର ଦୁଃଷ୍ପ୍ରାପ୍ୟ ପୁଲକାନୁଭୂତି । ପ୍ରେମ ଚିରବିଜୟୀ, ଶାଶ୍ୱତ ଓ ଅବିନଶ୍ୱର ।

ବାସ୍ତବରେ ପ୍ରେମ ହିଁ ଜୀବନକୁ ବିକଶିତ କରିଥାଏ । ଚିରହରିତ୍ ନବପଲ୍ଲବରେ ସାଜି, ମୁହୁର୍ମୁହୁ ରସାନ୍ୱିତ କରି ବ୍ୟକ୍ତି ଜୀବନକୁ ପରିପୂର୍ଣ୍ଣ କରିଥାଏ । ପ୍ରେମ ହିଁ ଜୀବନର କଳାତ୍ମକ ଆଧାର । ଏହା ଏକ ଦ୍ୱିପାକ୍ଷିକ ଭାବଗତ ସମ୍ପର୍କର ଧାରା ଯେଉଁଠି କେତେବେଳେ ଅକୁହା ନୀରବତାର ରାଜୁତି ତ କେତେବେଳେ ଦୁଇ ପ୍ରେମୀସତ୍ତାର ଉନ୍ମୁକ୍ତ ଉତ୍ତାଳ ଅନ୍ତଃପ୍ରବାହ । ପ୍ରେମଗୋଲକର ପୂର୍ଣ୍ଣାଙ୍ଗ ରଚନାରେ ଉଭୟ ପ୍ରେମିକ ପ୍ରେମିକା ଦୁଇଟି ଅର୍ଦ୍ଧଗୋଲକ । ନାରୀ, ପୁରୁଷ ଦୁଇଟି ଭିନ୍ନ ସତ୍ତା ହେଲେ ହେଁ ପ୍ରେମରେ ଉଭୟେ ଏକ ଓ ଅଭିନ୍ନ । ସ୍ଥୂଳ ଜ୍ଞାନରେ ସତ୍ତାଦ୍ୱୟ ମଧ୍ୟରେ ପରସ୍ପର ପ୍ରତି ବିମଳ ହୃଦୟ ନିବେଦନ ଓ ସୂକ୍ଷ୍ମାତିସୂକ୍ଷ୍ମ ପ୍ରେମାନୁଭବରୁ ଅମୃତ ପ୍ରୀତି ମନ୍ଦାକିନୀର ଉନ୍ମେଷ । ଦେହଜ ମୋହ ଓ ଦେହୋତ୍ତର ଅନୁଭବ ଉଭୟେ ଥାଆନ୍ତି ଏ ପ୍ରେମର ଚାରୁକାରୁ ପ୍ରାଙ୍ଗଣରେ । ବ୍ୟକ୍ତିବିଶେଷର ବର୍ତ୍ତୁଳ ଜୀବନକୁ ଅଧିକରୁ ଅଧିକ ରସଘନ କରିଥାଏ ଏହି ପ୍ରେମ । ଯୁଗେଯୁଗେ ପ୍ରେମର ଉଦାର ପଣରେ ଜୀବନ ଓ ଜଗତର ମହିମା ମହନୀୟ, କଳ୍ପନାତୀତ । ପ୍ରେମ ହିଁ ତା'ର ଶୀତଳ,

ପବିତ୍ର ଓ ସୁରଭିତ ସ୍ପର୍ଶରେ ଏକ ବ୍ୟର୍ଥ ଜୀବନ, କ୍ଳାନ୍ତ ମନ ଓ ଅସ୍ଥିର ହୃଦୟର ଜ୍ୱଳନକୁ ପ୍ରଶମନ କରିଥାଏ । ଭିନ୍ନଭିନ୍ନ ପରିସ୍ଥିତି, ପରିବେଶ ଓ ସମୟକୁ ସାମ୍ନା କରି ବଞ୍ଚୁଥିବା ମଣିଷକୁ ତା'ର ସୁଦୀର୍ଘ ଚଲାପଥରେ ସୁଗମ, ସୁଖଦ ଯାତ୍ରା ପାଇଁ ସଦାସର୍ବଦା ପ୍ରେରିତ କରିଥାଏ । ଧୈର୍ଯ୍ୟ ଓ ବର୍ଦ୍ଧିଷ୍ଣୁ ଆତ୍ମପ୍ରତ୍ୟୟର ନିରନ୍ତରତାରେ ଜୀବନକୁ ସ୍ୱପ୍ନାୟିତ କରିଥାଏ । ବାସ୍ତବତାର ପ୍ରେକ୍ଷାପଟ୍ଟରେ ସ୍ୱପ୍ନ, ସାନ୍ନିଧ୍ୟ, ପ୍ରେମ, ବିରହର ସନ୍ତୁଳନ ଜୀବନକୁ ଏକ ନିଆରା ରଙ୍ଗ, ରୂପ, ରସରେ ବିମଣ୍ଡିତ, ବିମୋହିତ କରିଥାଏ ପ୍ରେମ । ପ୍ରେମ ହିଁ ଯଥାର୍ଥରେ ଜୀବନ ଶୃଙ୍ଗାରର ଆଧାରଶିଳା, ଉତ୍ତାଳ ସ୍ମୃତିସମୁଦ୍ରର ସଂରକ୍ଷକ ।

ପ୍ରେମ, ପ୍ରଣୟର ଶାଶ୍ୱତ ପ୍ରବାହରେ ମିଳନ, ବିରହ, ଆଶା, ନିରାଶାଦି ଉପାଦାନଗୁଡ଼ିକୁ ଆଶ୍ରୟ କରି ଉକ୍ତ ପୁସ୍ତକସ୍ଥ ସମସ୍ତ ଗୀତିକବିତାର ସଂରଚନା । ମିଳନର ମାଧୁର୍ଯ୍ୟ ଓ ବିରହର କାରୁଣ୍ୟ ଏ ଦୀର୍ଘ ରଚନାରେ ପରିବ୍ୟାପ୍ତ ସମଗ୍ର ଭାବମୟତାର ପୃଷ୍ଠଭୂମି, ବାଙ୍ମୟ ଆଧାର, ଗୀତିମୟ ଆତ୍ମା । ପ୍ରେମପରି ଗୀତିକବିତା ବି ଯେ, ମାଧୁର୍ଯ୍ୟର ଭଣ୍ଡାର ଏହା ନିଃସନ୍ଦେହରେ କୁହାଯାଇପାରେ । ପ୍ରକାରାନ୍ତରେ ଏହା ଶବ୍ଦ, ଭାବ ଓ ଆବେଗର ସୁଲଳିତ ସଂଯୋଗ ଯାହା ନିଜସ୍ୱ ପ୍ରାଣମୟତାରେ ପାଠକର ମନ ଏବଂ ହୃଦୟକୁ ଏକ ସାଂଗୀତିକ ଆହ୍ଲାଦରେ ଆପ୍ଳୁତ କରିଥାଏ, ତୃପ୍ତ କରିଥାଏ । କବି ଚିନ୍ତନର ସରଳ ସାବଲୀଳ ଭାବମୟ ପରିପ୍ରକାଶ 'ଗୀତିକବିତା' ଯାହା ପାଠକ ଅନ୍ତରରେ ଅଫୁରନ୍ତ ଆନନ୍ଦ ଓ ସନ୍ତୋଷ ଭରିଦେଇଥାଏ ।

କହିରଖେ, ଯଦିଓ ମୁଁ ଗୀତିକବିତା ରଚନାରେ ସେତେଟା ସିଦ୍ଧହସ୍ତ ନୁହେଁ, ଏହା ଅଧୀନର ଏକ ଭାବାତ୍ମକ ପ୍ରଚେଷ୍ଟା, ଏକ ଆବେଗିକ ପ୍ରୟାସ ମାତ୍ର । ତେବେ ଏଭଳି ଏକ ମଧୁମୟ ଭାବସଂଚାରର ଆକାଂକ୍ଷା ଓ ପ୍ରଯତ୍ନ ପାଇଁ ସମସାମୟିକ ଗୀତିକବିମାନଙ୍କୁ ମୋର ସଶ୍ରଦ୍ଧ ପ୍ରଣାମ, ଯେଉଁମାନଙ୍କ ପ୍ରେରଣା ଓ ସୁନ୍ଦର କବିତାରାଜି ଏପରି ଏକ ରୋମାଞ୍ଚକର ସର୍ଜନଯାତ୍ରାର ନିରନ୍ତର ଉତ୍ସ । ଗୀତିକବିତା ଧର୍ମରେ ଲିଖିତ ଏ ପୁସ୍ତକଟି ଉଭୟ ଗୀତି ଓ ସ୍ୱହସ୍ତ ଅଙ୍କିତ କିଛି ରେଖାଚିତ୍ରର ମଧୁମୟ ସମାଗମ ।

ରଚିତ ପୁସ୍ତକରେ ପୂର୍ଣ୍ଣାଙ୍ଗ ଗୀତିକବିତାର ସମସ୍ତ ସର୍ତ୍ତ ପୂରଣ କରି ନ ପାରିଲେ ହେଁ ପ୍ରତିଟି ପଦକୁ ଯଥାସମ୍ଭବ ଅର୍ଥ ଓ ଭାବବାହୀ କରିବା ସହିତ ଆବେଗାପ୍ଲୁତ ତଥା ମାର୍ମିକ କରିବା ପାଇଁ ଆନ୍ତରିକ ପ୍ରଚେଷ୍ଟା କରିଛି । ସୁଧୀ ପାଠକବର୍ଗଙ୍କୁ ଏହା ନିଶ୍ଚିତ ଯତ୍କିଞ୍ଚିତ୍ ଭାବାର୍ଦ୍ର କରିବ ବୋଲି ବିଶ୍ୱାସ । ଶବ୍ଦ, ଅର୍ଥ, ଭାବ ଓ ଚିତ୍ରର ପ୍ରୟୋଗ ଭିତ୍ତିରେ ପ୍ରିୟପାଠକଙ୍କ ଗ୍ରହଣୀୟତା ହିଁ ପୁସ୍ତକଟିର ରଚନା ଏବଂ ସଫଳତାର ମାପକାଠି ହେବ ।

ଆଶା, ପ୍ରେମୀ ପାଠକ ପାଠିକାଙ୍କୁ ମୋର ଏ କ୍ଷୁଦ୍ର ଉଦ୍ୟମଟି ଭଲ ଲାଗିବ । ସ୍ଥାନ, କାଳ, ପାତ୍ରର ବିବିଧତା ଭିତ୍ତିରେ ଯଦି କେହି ଭାବଗ୍ରାହୀ ସାହିତ୍ୟପ୍ରେମୀ ଏ ଲେଖାଗୁଡ଼ିକ ମଧ୍ୟରେ ନିଜକୁ, ନିଜସ୍ୱ ଅନୁଭବକୁ ଖୋଜି ପାଇପାରିଲେ ତେବେ ମୋର ସାରସ୍ୱତ ଶ୍ରମ ସାର୍ଥକ ହେଲା ବୋଲି ଜାଣିବି ।

ଶେଷରେ ଏତିକି କହିବି
ରଚନାର ଏ କାଳ୍ପନିକ ପୃଷ୍ଠଭୂମିରେ ହେଇପାରେ...
ହୁଏତ, କେହିଜଣେ ସହୃଦୟ
ପୁଣିଥରେ ଫେରି ପାଇପାରନ୍ତି ନିଜକୁ...
ନିଜର ବିଗତ ସ୍ମୃତିକୁ...

ହୁଏତ, କେହିଜଣେ ଆତ୍ମମନସ୍କ ଓ ଭାବପ୍ରବଣ ବି ହେଇଯାଇପାରନ୍ତି କେବେ, କେଉଁଠି ଆକସ୍ମିକ ପ୍ରଜାପତିଟିଏ ମରି ପଡ଼ିଥିବାର ଦେଖିଲେ...

ଭବାନୀପାଟଣା **ଡା.ଦୀନବନ୍ଧୁ ସାହୁ**

ତା.୨୨.୦୧.୨୦୨୪

ଏକ ପ୍ରଜାପତିର ମୃତ୍ୟୁ

ବିରହ ଓ ବିଷାଦର ବର୍ଣ୍ଣମୟ ଲିପି

ମିଳନେ ମିଳେନା ପ୍ରେମର ପୁଲକ
ମିଳେ ବିରହ ଭୋଗରେ
ଝୁରା ମନ ଝୁରା ପରାଣ ଜାଣଇ
କେତେ ସୁଖ ଦହନରେ ।

ପରଜାପତିର ଚିତ୍ରିତ ଡେଣା ଅବେଳେ ଯାଇଛି ଭାଜି
ରଙ୍ଗହରା ତା ଭାବନା ରାଇଜ୍କୁ ଲିଭିଛି ଆଲୋକରାଜି ।
ସମୟ ସୁଅରେ ଧୂସର ତା ରଙ୍ଗ ଧୂସର ଗୋଧୂଳି ବେଳା
ମୃତ ପ୍ରଜାପତି ସପନ ସୂରୁଜ ସରିଛି ତା' ଖେଳାଲୀଳା ।
ନିରବି ଯାଇଛି ହୃଦୟ ହିଲ୍ଲୋଳ ମଉନ ମରମଧାରା
କଣ୍ଟକପଥେ ପ୍ରଣୟର ରଥ ପ୍ରୀତି ପାରିଧି ପସରା ।
ସ୍ମୃତି ସରହଦେ ସଚେତ ସତେଜ ରହିଛି ଅତୀତ କଥା
ପ୍ରେମ ପଦ୍ମବନ ସୁଷମା ସୁରଭି କେତେ ଯେ ଅକୁହା ବ୍ୟଥା ।

ନୀଳ ଉପବନେ ନୀଳପରି ସାଜି କରିଥିଲ ଆମନ୍ତ୍ରଣ
ଭାବ କୁମାର ସେ ପୁଷ୍ପଧନୁ ତା' କରିଥିଲା ସମର୍ପଣ ।
ଇନ୍ଦ୍ରଧନୁର ରଙ୍ଗ କି କେବେ ଫିକା ପଡ଼ିଥିଲା ଦିନେ
ଚହଲା ଛାତିର ତରୁଣ ତାତିର ନିଦାରୁଣ ରଙ୍ଗରଣେ ।
ନିୟତି ନୀତିରେ ଅଦିନ ଝଡ଼ରେ ଝଡ଼ିଲା ଫୁଲ ପାଖୁଡ଼ା
ଲିଭିଗଲା ରଙ୍ଗ ନୀଳ ନୟନାର ରହିଲା ପୋଥି ଅପଢ଼ା ।
ପ୍ରେମ ପାରିଜାତ ମହକ ମହୁରେ ପଥହୁଡ଼ି ବାଟବଣା
ବିରହ କାନନେ ନିଦାଘ ନିଦାନେ ମଧୁମାଦକ ଯନ୍ତ୍ରଣା ।

କ୍ଲାନ୍ତ ପଥିକ ସେ କ୍ଲାନ୍ତ ଅଙ୍ଗରାଗେ ଶିହରାଏ ତନୁମନ
ମାତାଲି ଢେଉର ତରକା ତରଙ୍ଗ ଥମେ ଅବା ଚିରନ୍ତନ ।
ପ୍ରେମ ପାରାବାରେ ଅଫେରା ନାବିକ ନାବ ତା'ବହିଛି ଶବ
ସ୍ମୃତି ସଉଧର ଧନିକ ବଣିକ କୃତି ପ୍ରୀତି ବଇଭବ ।
ପ୍ରୀତି ରଣାଙ୍ଗନେ ପାଇଛି ଅଧିକ ହାରି ହରାଇଛି ଯେତେ
ବିଜୟ ତିଳକେ ହୃଦହରା ସାଜି ଜିଣିଛି ଯୁଦ୍ଧ କି ସତେ
ପ୍ରେମ ପାଞ୍ଚଜନ୍ୟ ବଜାଇ ବଜାଇ ବିସର୍ଜିଲା ପ୍ରାଣପକ୍ଷୀ
ଉଡ଼େ ଫରଫର ଉତ୍ତାଳ ଅତୀତେ ସ୍ମୃତିଜୈତ୍ର ସାଜି ସାକ୍ଷୀ ।

ଟିକି ପତଙ୍ଗ ମୁଁ ପୀରତି ନିଆଁକୁ ପାରନ୍ତି କେମିତି କଳି
ଅପରୂପା ତମ ତପତ ପରଶେ ଗଲେ ଯାଉ ଜୀବ ଝଳି ।
ସରୁ ଚୁମାଟିଏ ଆଙ୍କିବାକୁ ସ୍ନେହେ ସୁନେଲି ସପନେ ସ୍ନାନ
ପାଇବା ନାଆଁରେ ହାରିଲେ ହାରିବି ଜୀବନର ଅଭିଧାନ ।
ହିରଣ୍ୟ ଶିଖାରେ ଖଣ୍ଡ ହଳଦୀ ଗୋ! କେମିତି ସାଜ ନିଜକୁ
ମୋ' ବିନୁ କେ ଆଉ ପରଖିପାରିବ ଦୁଃଖ ସୁଖ କଙ୍କଣକୁ ।
ବ୍ୟଥାଠୁ ମଧୁର ବଳିଠୁ ମୁଖର ମିଳନର ମହାବେଳ
ଆବେଗ ସରାଗେ ଅଧୀର ଆତୁର ତନୁ ମନ ମୋ' ବ୍ୟାକୁଳ ।

ଶିଳ୍ପୀ ମୁଁ ସାଧୁଛି ଚାରୁକାରୁ କଳା ଯୋଗୀ ଜୀବନର ଜ୍ୱାଳା
ପାଷାଣେ ଫୁଟାଇ ଲୋଭନୀୟ ରୂପ ରଚିବି ପୀରତି ଲୀଳା
ଶାଶ୍ୱତ ସୁଧା ରୂପ ପରଶିବି ମଧୁ ନିହଣ ପରଶେ
ଲାସ୍ୟମୟୀ ଗୋ! ଭାସ୍କର୍ଯ୍ୟ ତୁମ ମୋହିବ ମନ ସୁହାସେ ।
ତନୁ ତନିମାରେ ଫୁଟି ମମତାର ଶୁଭ୍ର ସତେଜ ମଲ୍ଲୀ
ସରାଗେ ତୋଳିବେ ଅଙ୍ଗ ଉପବନ ଗାନ୍ଧାର ରସଗୋଳି ।
ନିଟୋଳ ଦେହର ନିଖୁଣ ଗଢ଼ଣ ମଧୁ ପିଆଲାର ଶାଳ
ବାହୁରେ ବାହୁଟୀ କଟିରେ ମେଖଳା ଗଳାରେ ଖଚିତ ମାଳ ।

ଅଙ୍ଗେଅଙ୍ଗେ ବୋଳି ଅରୁଣିମା ଆଭା ଗହନ ପ୍ରୀତି ଆଶ୍ଳେଷେ
ପଖାଳିବି ତନୁ ଶ୍ରୀରୂପ ମାଧୁରୀ ବିମଳ ଶୃଙ୍ଗାର ରସେ ।
ଆଖିରେ ପୀୟୂଷ ଅଞ୍ଜନ ବୋଳି ଦେବି ସୁନୟନା ରୂପ
ଅଧରେ ଖଞ୍ଜିବି ପ୍ରୀତି ମହୋଦଧି ହସର ସୁରେଖା ମାପ ।
ସୁଷମା ସଞ୍ଚାରି ସଲ୍ଲଜ ବଦନେ କୁଞ୍ଚିତ କେଶେ ସାଜି
ଗଭାରେ ତୋଳିବି ଶୋଭା ଅପରୂପ କଦମ୍ବ କୁସୁମ ଖଞ୍ଜି ।
କଟୀରେ ଖେଳାଇ କୋଟି ଲାଳିତ୍ୟର ଉଷ୍ମ ଉତ୍ତଳା ଢେଉ
ପାଦରେ ପାଉଁଜି ଯାଚିଦେବି ତାଳେ ଚଖାଇ ମାତାଲି ମହୁ ।

ପ୍ରେମାନଳେ ତୁମ ଝଳୁ ମୋ' ଜୀବନ ଯଉବନ ଜଉଘର
ଅଙ୍ଗ ଅଗଣାରେ ଶୋଭୁ ମୋ' ଶରୀର ଲଭିଲେ ଲଭୁ କବର ।
ଛାତିରେ ତୁମର କ୍ରୁଶବିଦ୍ଧ ହୁଏ ବକ୍ଷ ଦିଅ ଗୋ! ପାତି
ପ୍ରେମର ସଂହିତା ପଠନେ ବା ହୃଦ ଲଭିବ ପରମ ଶାନ୍ତି ।
ବିରହ ବିଦଗ୍ଧ ନୟନୁ ଲୋତକ ଝରିଯିବ ଧାରଧାର
ସ୍ପନ୍ଦନ ଯତିରେ ଆହ୍ଲାଦିତ ହେବ ହୃଦୟର ଅନ୍ତଃପୁର ।
ଭାବ ଗମ୍ଭୀରିରେ ପ୍ରେମର ଯଜ୍ଞ ପୀରତି ତର୍ପଣ ଯହିଁ
ଲୁହ ଓଦା ଦେହେ ଅସରା ଆବେଗ ବୁହାଇବ ତୃପ୍ତିନଇଁ ।

ସୁରୂପା ସରସୀ ପ୍ରେୟସୀ ତରୁଣୀ ଅଭିସାର ଆକାଂକ୍ଷାରେ
ପୂଜାରିଣୀ ସାଜି ନୀରବରେ ଆଜି ବସିଛି କା'ପ୍ରତୀକ୍ଷାରେ ।
ଭବ୍ୟ ଅତିଥିଙ୍କ ଆଗମନେ ତବ ଶିହରଇ ତନୁମନ
ଚୋରା ଚାହାଣିରେ ମନଚୋର ଅବା ଦୂରେଇବ ବ୍ୟବଧାନ ।
କେଉଁ ରାଇଜର ରାଜ ରୂପକାର ପ୍ରବୀଣ ଚିତ୍ରକର
ପ୍ରଣୟ ପୁଷ୍ପିତ ରଙ୍ଗଭରା ଅଙ୍ଗେ ଢୋଳିଛି ପ୍ରେମ ଫୁଆର ।
ନିରିମାଖି ତନୁ ନିରବ ଦହନ ଜ୍ୱଳନ କେମିତି ସହେ
ବୁଝି କେ ପାରିବ ପ୍ରିୟତମ ବିନା ଦରଦୀ ପ୍ରେମିକ ପ୍ରାୟେ ।

ଅନ୍ତରାଳରେ ଇନ୍ଦ୍ରଧନୁର କୋଟିଭାବ ଥାଏ ଲୁଚି
ହୃଦୟ ନିଳୟେ ପ୍ରେମର ପ୍ରଦୀପ ଜଳେ ପ୍ରୀତିରାଗ ବିଂଚି ।
ପ୍ରେମ ପସରାକୁ କରିଛି ଆଶରା ଅପରୂପା ରୂପଜୀବୀ
ପଲକ ପାତରେ ଝରାଇବ ମଧୁ ଚିର ଆପଣାର ଭାବି ।
ଦେହ ଦାହ ସହ ଦେଇପାରିବ ସେ ନୟନ ସୁଖର ସୁରା
ପରଶେ ମୋହିବ ପ୍ରେମିକର ମନ ଥରୁଟିଏ ଦେଲେ ଧରା ।
ବନ୍ଧୁର ପୀରତି ପଥ ପଥିକା ସେ ତପସ୍ୱିନୀ ଏକା ଏକା
ଧୂସର ଗୋଧୂଳି ଆସ୍ତରଣ ତଳେ ପଡ଼ିବନି କେବେ ଫିକା ।

ପ୍ରୀତି କୁଞ୍ଜବନେ ରୂପସୀ କନ୍ୟାଗୋ ରସବତୀ ରାଜଜେମା!
କଳି କେ ପାରିବ ଅୟସ କାନ୍ତି ପ୍ରୀତିପର୍ଣ୍ଣା ପରିସୀମା ।
ରଜତରଙ୍ଗା ରମ୍ୟପୁରୀର ଅପରୂପା ରାମାମଣି
ଲଳିତ ହାସ୍ୟ ହୃଦମନ ହାରେ ଚିରହେମା ଯଉବନୀ ।
ହୀରା ନୀଳା ମୋତି ମାଣିକ ଖଚିତା ସୁକୁମାରୀ ତନୁଲୋଭା
ହୃଦୟ ବନ୍ଦିତା ଚିର ଇପ୍‌ସିତା ପ୍ରେମପ୍ରସୂ ସ୍ନିଗ୍ଧବିଭା ।
ଅଙ୍ଗ ଅଗଣାରେ କଟୀମେଖଳାରେ ଐଶ୍ୱର୍ଯ୍ୟର ପଇଁତରା
ସାଜିଛ ଶରୀର ପୀତାମ୍ବରୀ ପାଟେ ହେମାଙ୍ଗିନୀ ସୁଶରୀରା ।

ଆଲୁଳିତ କେଶେ କର ଆମନ୍ତ୍ରଣ କଙ୍କଣେ ସୁରଦେଇ
ମମତା ମଦିରା ପିଆଲାର ନିଶା ଏଡ଼ି କି ପାରିବ କେହି ।
ରସିକରାଜ ଯେ ସୌଭାଗ୍ୟକୁ ଥରେ ପ୍ରେମସୁଧା କଲାପାନ
ପୀରତି ଅର୍ଣ୍ଣବେ ମଦମତ୍ତ ପ୍ରାୟେ ଝାସିବ ନିଜ ଜୀବନ ।
ଜୀବନରେ ଥରେ ଯଉବନାବେଗ ଆସଇ ଜୁଆର ସମ
ପାଶେ ଥିଲେ ତୁମେ କି ଜୁଆରଭଟ୍ଟା ଉତ୍ତାଳ ସଦା ପ୍ରେମ ।
ପ୍ରେମ ମଧୁଶାଳା ଅମୃତପାନେ ଆତୁର ପରାଣ ସହୀ
ଝରାପତ୍ର ସମ ଜୀବନ ଝରୁଛି ଆଜି ଅଛି କାଲି ନାହିଁ ।

ସେନେହ ପୁଲକ ଶରଧା ସରସ ପରଶକୁ ଆଶ କରି
ନିରବେ ଇସାରେ ମଉନାବତୀ ସେ ଅଭିସାରିକା ଚକୋରୀ
ଯୁଗଳ ଆଖିରେ ମିଳାଇବ ଆଖି ମନର ଓଢ଼ଣୀ ମେଲି
ଦୀପ ହେଲେ ଆସି ସଳିତା ସେ ହେବ ପୀରତିର ଶିଖାତୋଳି
ପ୍ରେମ ତରୁଡାଳେ କେତକୀ କୁସୁମ ସମ କି ସାଜିବ ସତେ
ମଳୟେ ମୋହିବ ସୁରଭିରେ ଭରି ହେଉନି ଜମା ପରତେ ।
ସୁଦୂର ଗଗନ ଗଉରବ ଆନ ଗରିମା ରଙ୍ଗା ସୂରୁଜ
ବେଣ୍ଟ ପୋଖରୀର ପଦୁଅଁ ଫୁଲ ସେ ଆଙ୍କିଛି ପ୍ରେମ ମୁରୁଜ ।

ଝିରିଝିରି ଝରେ ବରଷାର ସୁର ଝଙ୍କାରିତ ତନୁମନ
ଆସିବେ ନାଗର ରସିକ ସାଗର ଅଥୟ ଅଧୀର ପ୍ରାଣ ।
କେଉଁ ଜନମରୁ ସାଧୁଛି ତପ ସେ ହେବ ପକ୍ଷୀଟିଏ ପରି
କୁହୁକ କୂଜନେ କାଉଁରୀ ପରଶେ ମଣ୍ଡିବ ମନ ପଂଝୁରୀ ।
ପରାଣକୁ ବାଜିରଖି ରାଣଖାଏ ନ ହେବାକୁ ଅଣଦେଖା
ଉଆସେ ତାଙ୍କରି ମଧୁ ବିତରିବା ହେବ କିବା ଭାଗ୍ୟଲେଖା ।
କେହି କେବେ ଜଣେ ଆସିବେ ନିଶ୍ଚୟ ହୃଦୟର ସୌଦାଗର
ପ୍ରେମ ରଙ୍ଗେ ରଙ୍ଗା ଅମଳିନ ଅଙ୍ଗେ ଭରିବେ ପୁଲକ ଗୀର ।

ମନ କଥା ମନେ ମରିବ କି ସହୀ ନ ଫୁଟିବ ଆଶା କଳି
ଅନୂଢ଼ା କଳିକା ଝଡ଼ି କି ପଡ଼ିବ ଦହନ ଧାସେ ମଉଳି
ଅଧାଗଢ଼ା ହୋଇ ପୀରତି ମନ୍ଦିର ରହିଯିବ ଚିରକାଳ
ମନ୍ଦିର ତ ଅଧା ମଣ୍ଡପରେ କାହୁଁ ବିରାଜିବ ରାସଖେଳ
ଦରଗଢ଼ା ଦେହେ ପ୍ରେମର ମନ୍ଦିର ବିଷାଦର ରାଗ ତୋଳି
ନିନ୍ଦା ଅପବାଦେ ଯାଚିବ ଜଗତେ ବ୍ୟର୍ଥ ବିରହୀର କେଳି ।
ଉଇଁଲା ସୂରୁଜ ଅବେଳେ ଲୁଚିବ ଝୁରିବ ସୂରୁଜମୁଖୀ
ହଜିଲା ଜହ୍ନକୁ ଝୁରି ନୀଳକଇଁ ଭରିବ ଲୋତକେ ଆଖି ।

ଶିଳ୍ପୀ ମୁଁ ଭାବେ ପାଷାଣେ ଆଙ୍କିବି ତୁମ ଅପରୂପ ଛବି
ପ୍ରୀତି ପୁଷ୍ପହାରେ ସଜାଇବି ଅଙ୍ଗ ପୁଲକରେ ଶିହରିବି ।
ପ୍ରଣୟ ମମତା ଯାଚିବି ସେନେହେ ସ୍ନିଗ୍ଧ ସୁରମ୍ୟ ଦେହେ
ନଖରୁ ନାସିକା ଗଢ଼ିବି ଯତନେ ଭିଜି ଭିଜି ଲହୁଲୁହେ ।
ଚାରୁ କାରୁକଳା କାଉଁରୀ ପରଶେ ହସିବ ପାଷାଣଫୁଲ
କଳା କଳପନା ରୂପରେ ଫୁଟିବ ରୂପେ କେ ନ ହେବ ତୁଲ
ସଧୀର ସପ୍ରେମ ଆଶ୍ଳେଷ ଛୁଆଁରେ ଭରିଦେବି ସତେଜତା
ପ୍ରେୟସୀ ଶ୍ରୀମୂର୍ତ୍ତି ଦେହେ ଲେଖାଥିବ ଅମର ପ୍ରେମର ଗାଥା ।

ଛଳ କରି କେବେ ଆଙ୍କିପାରିଲିନି ଛବିଟିଏ ବୋଲି ତୁମ
କୋହରେ ଲୁହରେ ବତୁରି ବତୁରି ଦିଶ ଝରାଫୁଲ ସମ ।
କରପୂର ସିନା ଉଡ଼ିଯାଇଅଛି କନା ତ ରହିଛି ପଡ଼ି
ସଉରଭ ସିନା ଦିଗନ୍ତେ ଲୁଚିଛି ଅବଶ ବପୁ ତ ଅଛି ।
ପ୍ରୀତି ଆଞ୍ଜୁଳାରେ ଚନ୍ଦ୍ରମୁଖୀ ଗୋ! ସଂଖୋଳି ଧରିଲେ ତନୁ
ସଜଳ ଆଖିରେ କେତେ କଥା କୁହ ପାଶୋରୀ ନ ହୁଏ ମନୁ
ଆକାଶି ମନରେ ଆଶା ଅସୁମାରୀ ଭାବନା ବଉଦ ସାଜି
ଜୀବ ଯଉବନ ସଯତନେ ଯାଚ ପ୍ରିୟତମ ପଥ ହେଜି ।

କେଉଁ ଭାଷା କେଉଁ ବର୍ଣ୍ଣ ବଇଭବେ ପ୍ରକାଶିବି ଅପରୂପ
ବଳୀୟାନ ନିଜ ରଙ୍ଗ ସୁରଭିରେ ସୁକୁମାରୀ ତନୁ ତବ ।
ଚିର ସୁଧାସ୍ୱିନୀ ପ୍ରୀତି ନିର୍ଝରିଣୀ ଚିରନ୍ତନୀ ଚିତ୍ରୋତ୍ପଳା
କାଚକେନ୍ଦୁ ପ୍ରେମେ ପଖାଳି ତୂଳୀକା ମୁଗ୍ଧକର ଚିତ୍ରଶାଳା ।
ଚିତ୍ରକର ମୁଁ ବନ୍ଦୀ ତୁମର ପୀରତି ମନ୍ଦିରେ ଆଜି
ସଜଳ ଛବିକୁ ଆଙ୍କିଲା ବେଳକୁ ନିଜ ଲୁହେ ଯାଏ ଭିଜି ।
ରଙ୍ଗ ସେ ନୁହେଁ ରକତର ଧାର ଲୋତକର ଗାରେ ମିଶି
ଜୀଇଁ ଉଠେ ତବ ଛବି ପରଦାରେ ପାହିଯାଏ ଘନ ନିଶି ।

ପୀରତି ମନ୍ଦିରେ ଦେବୀ ଗୋ! ତୁମର ଚିର ଉପାସକ ସାଜି
ନିତ୍ୟ ଅନାବିଳ ଉପାସନା ନଳେ ଜୀବନ ଦେବାକୁ ରାଜି ।
ଶୁଭ ଶଙ୍ଖ ବାଇ ଧୂପଦୀପ ଦେଇ ରଚିବି ମୁଁ ଅରଚନା
ପ୍ରେମ ଗୀତା ପାଠ ଉପଚାରେ ନିତି ହରିବି ହୃଦ ଯାତନା ।
ମଧୁ ପୀରତିର ମାଜଣା ଜିଣା ସେ ଲଳିତ ଅଙ୍ଗ ଉପାଙ୍ଗେ
ନିରବେ ମାଗିବି ସରାଗର ସୁର ସଜାଇ ସଜଳ ରାଗେ ।
ଆରାଧନା ମନ୍ତ୍ର ମଧୁର ଧ୍ୱନିରେ ଗୁଞ୍ଜରିବ ପ୍ରେମାଳୟ
ପୂଜାରୀର ପ୍ରୀତି ଆଞ୍ଜୁଳା ତୋଷିବ ମାଗି ପ୍ରେମ ବରାଭୟ ।

ନୀଳ ନିଶୀଥର ନୀରବ ପଥିକ ନ ପଡ଼ିବ କେବେ ଥକି
ସୁଖ ଦୁଃଖଭରା ଚଲାପଥେ ମୋର ପାରିବେନି କେହି ରୋକି
ପ୍ରେମ ପାରିଧିର ଯାତ୍ରା ଏ ମୋର ନୀରବ ଜ୍ୱଳନ ଶିଖା
ପୁଷ୍ପଧନୁର ଟଙ୍କାର ଆଙ୍କେ ମଧୁମିଳନର ରେଖା ।
ପାରିଧି ପଥରେ କେତେ ଝଡ଼ ଝଞ୍ଜା ଅଦିନ ବଜ୍ରମେଘ
ଅନ୍ଧାର ଆଲୋକ ଆଶା ନିରାଶାର ଆହତ କୃଷ୍ଣରାଗ ।
କଣ୍ଟକମୟ ପଥ ଓଗାଳକୁ ପ୍ରତିହିତ କରି ଆଗେ
ଆଙ୍କିବି କପାଳେ ପ୍ରେମିକର ଟୀକା ଆନ୍ତରିକ ଅନୁରାଗେ ।

କମଳ କୁମାର ନୟନ ଯୁଗଳେ ମିଳନର ମଧୁନିଶା
ପୁଷ୍ପଧନୁର ପ୍ରୀତି ଟଙ୍କାର ଝଲସାଏ ଚଉଦିଶା ।
ପୁଷ୍ପିତ ଦେହେ ଶୋଭେ ବନରାଜି ଶୋଭେ ପାହାଡ଼ ପ୍ରାନ୍ତର
ସରସେ ସହସ ନଦୀନଦୀ ବହେ ମୂକ ଆକାଶ ମୁଖର ।
ଉଡ଼ନ୍ତା ପକ୍ଷୀଙ୍କ କାକଳି କୂଜନେ ମଧୁଝରା ମହାସର
ରଚଇ କି ବିଶ୍ୱ କୋମଳ ମନ୍ଦ୍ର ବୀଣାତାନେ ଚଉପୁର ।
ଜହ୍ନ ସାଜି ପ୍ରିୟା ଇସାରା କି କରେ ତାରା ଫୁଟା ଅଗଣାରେ
ରୁପା ଫୁଲବଣେ ସ୍ୱର୍ଣ୍ଣମୁଖୀ କି ଆହ୍ୱାନେ ଅଭିସାରେ ।

ପ୍ରେମ ରସାତୁରୀ ହେମା ସୁକୁମାରୀ ଚାହିଁଥାଏ ବାତାୟନେ
ପ୍ରିୟ ପୁରୁଷ ତା' ସୁଢ଼ଳ ସୁରୂପେ ବିରାଜିବେ ଅବା କ୍ଷଣେ ।
ଦୂର ଗଗନରେ ଭାସଇ ବଉଦ ଭାସେ ମନର ବୋଇତ
ପ୍ରେମ ପାରାବାରେ ସଜାଇ ନିଜକୁ ସାଧବେ କରି ସ୍ୱାଗତ ।
ପୀରତି ବଣିକ ସାଧବ ପୁଅର ଭାବି ଆଗମନ ଲାଗି
ରହିଛି ରହିବି ନିତି ବାଟ ଚାହିଁ ପ୍ରେମେ ଦିବାନିଶି ଜାଗି ।
ପୀରତି ନିରାଶ ପ୍ରାଣରେ ପୁଲକ ଜାଗିବ କି ଆଗମନେ
ମଉନେ ଭାଳେ ସେ ନିଭୃତ ନିବାସେ ଦିବ୍ୟକାନ୍ତି ଦରଶନେ ।

ରକ୍ତିମ ଉଜ୍ଜ୍ୱଳ ଗଣ୍ଡ ଦେଶ ତା'ର ମଳିନ ଧୂସର ରଙ୍ଗେ
ବିରହ ବିଧୁରା ସରାଗ ଅଧୀରା ଦିନୁଦିନ କ୍ଷୀଣ ଅଙ୍ଗେ ।
ଆଲୁଳାୟିତ ତା' ଘନକୃଷ୍ଣ କେଶ ପବନେ ତରଙ୍ଗ ସମ
ଉଡ଼ଇ ଆତୁରେ ନିଃସଙ୍ଗେ ବତୁରେ ଦରଦୀ ମନ ମରମ ।
ସାଦର ପ୍ରତୀକ୍ଷା ପ୍ରତ୍ୟକ୍ଷ କି ହେବ ବିହି ନ ହୋଇଲେ ବାମ
ପାଦ ପଙ୍କଜେ କି ପୂର୍ଣ୍ଣକୁଟୀରେ ମୋ' ଲେଖିବେ ତାଙ୍କରି ନାମ ।
ଚୂର୍ଣ୍ଣ କୁନ୍ତଳେ କି ଅଙ୍ଗୁଳି ପରଶ ଜଗାଇବ ପ୍ରେମଭାବ
ମନ ମୟୂରୀ କି ନାଚିବ ଉଚ୍ଚାଟେ ବୀଣା ମହ୍ଲାର ତୋଳିବ ।

ପ୍ରୀତି ସରସୀର ପ୍ରେମ ପଟ୍ଟ ତଟ ନିରବେ ଇସାରା କରେ
ମିଳନ ପିଆସୀ ବନହଂସୀ ଗୋ! ଉଡ଼ାଣେ ଯିବାକୁ ଦୂରେ ।
ଏ ଯାଏଁ ଅରଚା ଅଭିସାର ତୋଳି ମୁକ୍ତ ଆକାଶ ତଳେ
ସିକ୍ତ ହୃଦୟେ ବିରାଜିବା ଆସ ଏକେ ଆର ପ୍ରୀତି କୋଳେ
ପୁଷ୍ପିତ କେଶ କବରୀ ସୁବେଶେ ଚର୍ଚ୍ଚିତ ଚମ୍ପାଦେହ
ମୁଗ୍‌ଧେ ମୋହଇ ଅଭୋଗା ପୁଲକେ ଭରି ହୃତ ହୃଦୟ ।
ଆଖି ଦରିଆରେ ସଞ୍ଚିତ ଯେତେ ଦରଦୀ ଲୁହର ବିନ୍ଦୁ
ଲୁହ ବିନ୍ଦୁ ନୁହେଁ ଅନୁରାଗ ସିନ୍ଧ ଆବେଗ ଅଧୀର ଇନ୍ଦୁ ।

ଲୁହ ଲେଖା ଏଇ ବିଚ୍ଛେଦ ବିଥିକା ବିରହର ଇସ୍ତାହାର
ଟୋପାଟୋପା ଲୁହ ମୁକୁତା ବିନ୍ଦୁରେ ମୁହଁ ଦିଶେ ପ୍ରେୟସୀର ।
ସାଇତା ଲୁହର ସରହଦୀ ଦେହେ ସପନର ସୁମହଲ
ଭାବ ଭାବନାର ମିଳନିକା ରଚେ ସୁନାର ପୀରତି ଫୁଲ ।
ମନ ଅଗଣାର ସତେଜ ଶେଯରେ ଭୁରୁ ଭୁରୁ ସ୍ମୃତିବାସ
ପ୍ରେମୀ ହୃଦୟରେ ମୁଖର ବେଣୁର ଶୃଙ୍ଗାରୀ ସୁରର ରାସ ।
ଛାତିତଳ ତାତି ଅତଡ଼ା ପିଟଇ ପିଞ୍ଜରା ବାଡ଼ ଭାଙ୍ଗି
ରାତିରାତି ଯାହା ପାହେ ଉଜାଗର କ୍ଳାନ୍ତ ନୟନ ସାକ୍ଷୀ ।

ଜୀବନ ଅଙ୍କ ଯେ ରହେ ଦରକଷା ମନେ ରହେ ମନଭାଷା
ନୀଳ ଢେଉ ରଙ୍ଗେ ପ୍ରେମ ପାରାବାର ଜଗାଏ ସପନ ଆଶା ।
ମରୁମନେ ଶୋଷ ଅବସୋସ ଅବା ବରିଛନ୍ତି ଚିରବାସ
ଜୀବନ ଜିଇଁବା ନାଆଁରେ ଜଳିବା ବଞ୍ଚିବାର ଭାଗଶେଷ ।
ଭଲ ପାଇବାର ସୀମାରେଖା କେହିପାରି ନାହିଁ କେବେ ଟାଣି
କାଳକାଳ ପ୍ରେମ ପରିପୂର୍ଣ୍ଣ ନୁହେଁ ମନରେ ଏ କଥା ଜାଣି ।
ପାଇବାଠୁ ବଳି ନ ପାଇବାରେ ହିଁ ଅପୂରୁବ ଅନୁଭବ
ପ୍ରେମଭାବର ଏ ଯୁଗ ଯୁଗାନ୍ତର ପ୍ରମାଣିତ ସନ୍ଦରଭ ।

ପ୍ରେମ ହିଁ ପ୍ରାର୍ଥନା ଆତ୍ମବୋଧର ଉଦଗ୍ର ତପସ୍ୟାପଥ
ପ୍ରାପ୍ତିରେ ବିଲୟ, ଅପ୍ରାପ୍ତିରେ ହିଁ ସାର୍ଥକ ଜୀବନ ରଥ ।
ପ୍ରେମ ପ୍ରଗାଢ଼ତା ପରଖିବାକୁ କି ପ୍ରତିଶ୍ରୁତି ସାଧେ ଦାଉ
ଲୋଡ଼ିଲା ଚିଜକୁ ପାଏନି ବୋଲିତ ଝୁରେ ସାରା ପରମାୟୁ ।
ସ୍ୱପ୍ନକୁ ନିଅଣ୍ଟ ନିଦ ଆଉ ରାତି ରହେ ଯାହା ଅବସୋସ
ଦରିଆ ମଝିରେ ନାଆ ଥାଏ ସତ ମେଣ୍ଟେ ନାହିଁ କେବେ ଶୋଷ ।
ମରିଚିକାମୟ ମହୀଦେହେ ଶୋହେ ଶତ ସପନର ବିଥି
ବିଶ୍ୱାସେ ହିଁ ପ୍ରେମ ମହାରବି ରଚେ ଉଜ୍ଜ୍ୱଳ ଜୀବନ ନଥି ।

ବେସୁରା ପରାଣ ବୀଣାରେ ତମେ ଗୋ! ସଙ୍କୃତ ମୁରୁଛନା
ଉଦାସ ନିଦାଘ ଆକାଶେ ତମେ କି ଘନମେଘ ଆଳାପନା ।
ଧୂସର ଜୀବନ ତରୁଡାଳେ ମମ କୋକିଳ ବିହଗ ସାଜି
ଶୁଣାଇବ ଅବା ପୀରତି କବିତା ମଧୁରାଗିଣୀରେ ଆଜି ।
ମନହଂସୀ ଗୋ! ଚଞ୍ଚୁରେ ତୁମ ମିଳନ ପିଆସୀ ସୁର
ତୋଳିବ ଅବା କି ପ୍ରୀତି ଝଙ୍କାର ସଂଚାରି ପ୍ରେମ ଝର ।
ଅନ୍ଧାରୀ ଆକାଶେ ବର୍ଣ୍ଣାଳୀ ତୁମେ ପ୍ରତୀକିତ ଇନ୍ଦ୍ରଧନୁ
ସୁରଭିତ କରେ ସାରାରାତି ତୁମ ବାସ୍ନା ବିଭୋର ତନୁ ।

ସାଗର ବୁକୁର ଉତ୍ତଳା ଜୁଆର ମୁକୁଳା ବାଲିର ଶେଯେ
ଲୋଟିବାକୁ ନଈ ଅଥୟ ଅଧୀର ମନ କଥା କିଏ ବୁଝେ ।
ତପତ ସୂରୁଜ କିରଣରାଜିର ପରଶକୁ ଆଶ କରି
ସୂରୁଜମୁଖୀ କି ରହିଥାଏ ଚାହିଁ ମନ କଥା ମନେ ମାରି ।
ନିଷିଦ୍ଧ ନିଶିର ନିଶିଗନ୍ଧା ଆଗୋ ମଧୁର ମହକ ତୋଳି
ପ୍ରିୟ ପୁରୁଷର ପ୍ରତୀକ୍ଷାରେ ଥାଅ ଆଖିରେ କଜ୍ଜ୍ୱଳ ବୋଳି ।
ଅନନ୍ତ ଏ ଶୋଷ ଅବସୋସ ଭରା ବିଜନ ବାଲୁକା ବେଳା
ପିଆସୀ ଅଧରେ ଚାହିଁ ବସିଥାଏ କୂଳଛୁଆଁ ଖେଳାଲୀଳା ।

ଆସ ଆସ ପ୍ରିୟ କୂଳ ଛୁଇଁଯାଅ, ଚୁମିଯାଅ ବେଳାଭୂଇଁ
ମମତାରେ ଭରା ନୀରବ ଓଠ ମୋ' ସାଇତିଛି ତୁମ ପାଇଁ ।
ମନ ଦରପଣ ଭାଙ୍ଗେ ଟାଣପଣ ଝଲସାଇ ତୁମ ଛବି
ବିତିଲା ଦିନର ନୀଳ ଅନୁଭବ ଉଙ୍କିମାରେ ସାଜି ରବି ।
ନିରବେ ଚାହିଁଲେ ଦୂର ଆକାଶରେ ଦିଶେ ସିନା ପୁନି ଜହ୍ନ
ତୋଫା ମୁହଁ ତଳେ ଲୁଚିଥାଏ ତା'ର ଫିକା ପଡ଼ିଥିବା ମନ ।
ଯେତେ ଭରିଥିଲେ ଜୀବନ ପାତ୍ର ମୋ' ଲାଗୁଥାଏ ଅଧାଅଧା
ଅପୂରଣ ଇଚ୍ଛା ଭଙ୍ଗା ସପନରେ ଦରଗଢ଼ା ପ୍ରେମବିଧା ।

ଚପଳ ଛନ୍ଦା ଉଦାସ ନଈ ଗୋ! ଲାଜବତୀ ବେଗବତୀ
ସାଗର ମୁଁ ତୁମ ପ୍ରତୀକ୍ଷା ଆକୁଳ ମୁଗ୍ଧମିଳନ ବ୍ରତୀ ।
ମଉସୁମୀ ଝରେ ଶ୍ରାବଣ ସଞ୍ଜରେ ସ୍ମୃତିର ନୁପୂର ବାନ୍ଧି
ମନର ମୁକୁଳା ବାଲୁକା ଶେଯରେ ନାଚ କି ପାଦକୁ ଛନ୍ଦି ।
ପ୍ରୀତି ପ୍ରଣୟର ତୃଷିତ ବେଳାରେ ନିଃସଙ୍ଗ ବାସର ଘର
ନିରେଖି ଚାହିଁଛି ଆସିବା ବାଟକୁ ମାଖି ଫୁଲଙ୍କ ଅତର ।
ସ୍ମୃତି ସରସର ବିଜନ ବିଭୋର ଶ୍ରାବଣର ଏଇ ରାତି
ପ୍ରୀତି ମହକରେ ମୋହେ ବାରବାର ପୁଲକେ ଥରାଇ ଛାତି ।

ଫୁଲକୁ ଭଅଁର, ମେଘକୁ ମୟୂର, ବସନ୍ତେ କୋଇଲି କୁହୁ
ଚାନ୍ଦକୁ କୁମୁଦ, ଫଗୁଣେ ମଳୟ, ସାଗରେ ଅଥୟ ଢେଉ ।
ଚକୋର ଚକୋରୀ ରାତି ଉଜାଗର ପ୍ରତୀକ୍ଷା ପ୍ରଦୀପ ଜାଳି
ସାଗର ସନ୍ଧାନେ ତଟିନୀର ତପ କଳି ପାଶେ ବନ୍ଧା ଅଳି ।
ସ୍ମୃତି ସଉରଭ ଶିହରିତ କରେ ଭିଜିଲା ମାଟିର ଗନ୍ଧେ
ମଦନ ମାରନ୍ତି ଫୁଲଶର ଶେଯେ ପ୍ରଣୟ ପରାଗ ବନ୍ଧେ ।
ପାନ୍ଥଶାଳା ଏ ପୃଥିବୀ ବକ୍ଷରେ ପୀରତି ପଥିକ ସାଜି
ଜୀବନେ ମିଳନ ମଧୁରାସ ରଙ୍ଗେ ମାଜିବା କି ଅଙ୍ଗରାଜି ।

ରଙ୍ଗ ବେରଙ୍ଗର ଫୁଲ ଫୁଟିଥିଲେ ମନ ନଈ ପଠାପରେ
ଏଇ ମନ ଦିଶେ ପରଜାପତିଆ ପ୍ରେମଛିଟା ମୁକୁଟରେ ।
ପରଜାପତିର ହୃଦୟ ବୀଣାରେ ଲୁହ କୋହର ଆସର
ଅଜଣା ରାଗରେ ଜଗତେ ଜଣାଏ ପ୍ରୀତି ବନ୍ଧନର ଗୀର ।
ଧାରା ଶିରାବଣ ଝରେ ସାରାରାତି ମନରେ ଲଗାଇ ନିଆଁ
ଲୁହ ଓଦା ସ୍ମୃତି କୋହରେ କୁହୁଳେ ଆଖିରେ କୁହୁଡ଼ି ଧୂଆଁ ।
ସ୍ମୃତି ସରହଦେ ପୁଲକ ପହଁରା ମିଠାଛୁଆଁ ଶିହରଣ
ଦୂରେ ଥାଇ ପାଶେ ଥାଅ କି ପ୍ରେୟସୀ ଶୁଭେ ପାଉଁଜିର ସ୍ୱନ ।

ଅଧୀର ବିଭୋର ଆଖି ଝରକା ମୋ ଖୋଲାଥାଏ ସାରାରାତି
ଝରକା ସେପଟେ ସ୍ମୃତିର ଶ୍ରାବଣ ମରମେ ବିରହ ତାତି ।
ଚୂନାଚୂନା କେତେ ଦୁଃଖଫୁଲ ଝରେ କେବେ ସୁଖର ଅଳସୀ
କେବେ ପଦ୍ମଗର୍ଭା କେବେ ଶୁଷ୍କତୋୟା ଦିଶେ ସ୍ମୃତିର ସରସୀ ।
ପ୍ରେମିକାର ଆଖି ଅଗଣା ମାଖିଛି ଗଙ୍ଗଶିଉଳିର ଗଭା
ଗଭା ଗରଭର ଗହିରୀ ଚାହିଁବା ବଢ଼ାଏ ପ୍ରିୟାର ଶୋଭା ।
ଫୁଲ ହୋଇ ଫୁଟେ ଘନ ନିରବତା ମଉନ ଓଠର ତୁଠେ
ପଲକ ପଡ଼େନା ଆଖି କରୋଡ଼ରେ ଅପେକ୍ଷାରେ ପ୍ରେମ ପୀଠେ ।

ଲେଖିବା ଲୋକ ହିଁ ଅଙ୍ଗେ ଅନୁଭବେ ଲୁହ ଲେଖନୀର ପୀଡ଼ା
ପ୍ରଣୟ ବିଧୁର ଅଶ୍ରୁଲେଖ ସ୍ୱାଦ ବିରହ ବ୍ୟଥା ଅତଡ଼ା ।
କେ ଜାଣେ ଅଧିକ ହୃଦୟ ହରାଠୁ ହୃଦ ହାରିବାର ଦୁଃଖ
ଦୁଃଖ ଦୋହାର ସକରୁଣ ରାଗ ଅଶ୍ରୁଳ ପ୍ରୀତି ଭୋଗ ।
ବଉଦ ଆକାଶେ ଅନ୍ଧାର ଆଲୋକ ଜହ୍ନ ଲୁଚକାଳି ଖେଳ
ଅଦିନ ମେଘକୁ ବରଷା ଭିଜାଏ ନିଦାଘର ଖରାବେଳ ।
ନିଆଁ ଝୁଲ ହୋଇ ମରମ ବେଦନା ତତାଏ ଆଖିର ଲୁହ
ବିରହ ବାରୁଦ ଜାଳେ ଅହରହ ଅମାନିଆ ବୁକୁକୋହ ।

ଝରାଫୁଲ ଝରିଯିବ ଅବେଳରେ ଜୀବନ ଗଙ୍ଗଶିଉଳି
ଅବସୋସ ଭରା ଅଳୀକ ଆୟୁଷ ରଙ୍ଗ ତା'ଯିବ ମଉଳି
ବୁକୁତଳ କୋହ ବୁକୁରେ ମରିବ ଝରିଯିବା ଏକାଏକା
ମଲାଜହ୍ନ ଅବା ଉଦୀୟ ଅରୁଣ ହେବେ କିଆଁ ଆମ ସଖା ।
ନିଜ ସହ ନିଜ ସହବାସ ଯଦି ଅଛି ଆମ ଭାଗ୍ୟେ ଲେଖା
ଶ୍ୟାମଳିମା କୁହ ଆସିବ କେଉଁଠୁ କୁଣ୍ଠିତ କପାଳ ରେଖା ।
ଶୂନ୍ୟଶୂନ୍ୟ ମହାଶୂନ୍ୟ ଏ ସଂସାର ସାଇତା ନିଆଁର ଘର
ଜୀବନ୍ତ ଶବ କି ବଞ୍ଚଇ ଜୀବନ ଜଉଘରେ ମରଣର ।

ଧ୍ୱନି ପ୍ରତିଧ୍ୱନି ନିରବତା ପାଶେ ନିରବେ ମିଳାଇଯାଏ
କାଚ କାନ୍ଥର ଏ ବିଭେଦ ପାଚେରି ପରିହାସେ ହୁସଥାଏ ।
କାଚର ଝରକା ଦିଶେ ଧୂଆଁଳିଆ ଜହ୍ନ ଦିଶେ ପାଉଁଶିଆ
ଅନ୍ଧାର ଆକାଶେ ଅଭାହୀନ ତାରା ନିଃସଙ୍ଗ ମୁଁ ଏକୁଟିଆ ।
ଆଖିରେ ଆଖିଏ ମିଳନ ବାସନା ମନରେ ମାତାଲି ନିଶା
ଅସରା ଏ ରାତି ଅସରା ଏ ଦିନ ଅକୁହା ହୃଦୟ ଭାଷା ।
ମନ ମନ୍ଦିରର ଗରଭ ଉଆସେ ପୂଜା ପାଅ ଦେବୀ ନିତି
ସାଇତା ସ୍ମୃତିର ଧୂପ ନୈବେଦ୍ୟରେ ଅରଚଇ ପାଳି ପ୍ରୀତି ।

ତୁମେ ମୋ' ମନର ଅମଉଳା ଫୁଲ ନିତି ଚହଟାଅ ବାସ
ପ୍ରୀତିରାଗ ତୋଳେ ପ୍ରଣୟ ଆସର ଅଭୁଲା ଓଠ ପରଶ ।
ନିଃସଙ୍ଗ ଜୀବନ ମଲା ମରୁଝରର ତପତ ମରୁର ବାଲି
ତମସା ଘେରା ଏ କଣ୍ଟକିତ ପଥ କେମିତି ପାରିବି ଚାଲି ।
ବାଲିଘର ଲୋଟେ ଅବେଳ ବତାସେ ଶୁଭେ ଶୂନ୍ୟତାର ସ୍ୱର
ଜୀବନ ଯମୁନା ଶୁଖି ପଡ଼ିଥାଏ ନିଥର ପ୍ରେମ ଜୁଆର ।
ଶେଷ ହେବା ଯାଏଁ ଜଳିବି ନିରତ ଅତୀତ ଅନଳ ଝାସେ
ପ୍ରତୀକ୍ଷା ପ୍ରଦୀପ ଜାଳି ବସିଥିବି ପ୍ରୀତି ଆଶ୍ଳେଷର ଆଶେ ।

ଆସ କି ନ ଆସ ଶୁଣିବାକୁ ଥରେ ଅକୁହା ହୃଦୟ କଥା
ଦିବାନିଶି ତୁମ ରୂପ ଅରଚନା ହରଇ ପରାଣ ବ୍ୟଥା ।
ସୁବାସିତ କେତେ କୁସୁମ କଳିକା ମଧୁଘେରା ହୃଦୋଦ୍ୟାନେ
ଯତନେ ସାଇତି ରଖିଛି ସାଜିବି ପ୍ରିୟାକୁ ପ୍ରୀତିଲଗନେ ।
ରୁପା ଚଢ଼େଇ ସେ ରୂପ ତା'ନିଆରା ଦିଏନି ସହଜେ ଧରା
ପାଗଳ ପ୍ରାୟେକ ଅବୁଝା ମନ ମୋ' ଝୁରେ ତା'ପ୍ରୀତି ମଦିରା ।
ଉଆଁସ ଅନ୍ଧାରେ ଜହ୍ନଖୋଜା ମୋର ଠିକଣା ଯାଇଛି ଭୁଲି
ନିଦହୀନ ରାତି ଛନ୍ଦହୀନ ଗୀତି ପାରେ ନାହିଁ ସୁର ତୋଳି ।

ଚଉଦିଗେ ମରୁବାଲିର ଆସର ଭଙ୍ଗା ହୃଦୟ ଉଆସ
ବିଜନ ଲଗନେ ନିରବେ କୁହୁଳେ ନ ଥାଇ ନିଆଁର ଧାସ ।
ଲୁହ ଭରା ଆଖି କରତା ଛାତିରେ ସାଉଁଟି ଶାମୁକା ସ୍ମୃତି
ଜୀବନ ବେଳାରେ ବିସ୍ମୃତ ବାଟୋଇ ବିତିଯାଏ ଦିନରାତି ।
ସରିସରି ଆସେ ସୀମିତ ଆୟୁଷ ପରତେ ନ ହୁଏ ମନେ
ସତେ କି ଅଲେଖା ଗୀତ ସୁର ହୋଇ ଝରିବ ଓଠରୁ ଦିନେ ।
ଉତ୍ତଳା ସ୍ମୃତିର ମହୁଆ ପରଶେ ନିତିସଞ୍ଜେ ଉଏଁ ତାରା
ଆଲୋକ ଅନ୍ଧାର ଅବିଚାରେ ନାଆ ନାଉରିଆ ଦିଗହରା ।

ରାତି ରତି ଜହ୍ନ ଜେଛନା ରହିଛି, ରହିଛି ଯମୁନା ନଈ
ବଦଳିନି କିଛି ବଦଳିଛି ଯାହା, ମିଛ ମୋ' ଜୀବନ ବହି ।
ଆକାଶେ ଉଇଁଲା ଜହ୍ନରେ ଦିଶଇ ରୂପସୀ ପ୍ରେୟସୀ ମୁହଁ
ପିଆସୀ ପରାଣେ ପ୍ରୀତିର ରୋଷଣୀ ଝଲସାଏ ହୃଦୟ ।
ହୃଦ ଅଗଣାରେ ଶୁଷ୍କ ତରୁଡାଳେ କୋକିଳର କୁହୁତାନ
ସାତ ସୁରେ ଶୁଭେ ସଂଗୀତ ମୂର୍ଚ୍ଛନା ପ୍ରୀତିରଙ୍ଗ ମାଖେ ମନ ।
ମନ ଅଗଣାରେ ରୂପସୀ ପ୍ରିୟାର ଉଜ୍ଜ୍ୱଳ ଅରଚନା
ଚନ୍ଦ୍ରମା ପୁଲକେ ଏକାନ୍ତେ ଉଙ୍କାଟେ କ୍ଷଣେ କରେ ଆନମନା ।

ନିୟତି ହାତର କଟାଗୁଡ଼ି ମୁଁ କି ଲାଖିଛି ଗଛ ଉହାଡ଼େ
ନିଜେ ପିଇ ନିଜ ଆଖିର ଲୋତକ ହତାଶା ହ୍ରଦରେ ସଢ଼େ ।
ଲୁହ ଓ କୋହର ବତୁରା କାନ୍ଥରେ ତିଆରି ବିରହ ଘରେ
ଅଲିଭା ଶୋଷର ଜଳନ୍ତା ଜୁଇରେ ନିତି ଜଳପୋଡ଼ି ମରେ ।
ପ୍ରୀତି ପ୍ରତାରଣା ମଧୁର ଯନ୍ତ୍ରଣା ନିରବେ ଯାତନା ଦିଏ
ପୋଡ଼ା ପତଙ୍ଗର ଅନୁଭବ ଘାରେ ଦହନେ ଜୀବନ ଯାଏ ।
ନିଆଁ ଝୁଲହୋଇ ପୀରତିର ଭୋକ ମରମ ପାଉଁଶ ତଳେ
ଗୁମୁରି ଗୁମୁରି ସଚେତ ସତେଜ ବେଳ ଅବେଳ କୁହୁଳେ ।

କଅଁଳ ମେଘର ପାତଳ ବରଷା ହୋଇ କି ଝର ଦୁଆରେ
ଶୀତୁଆ ସକାଳ କଷିଖରା ସାଜି ଅବତର ଅଗଣାରେ ।
ପଉଷର ଝରା ପତର ପାତରେ ପାଦଚାପି ଥିରିଥରି
ନରମ ନୂପୁର ସୁରରେ ପ୍ରିୟା କି ସକାଳ କାକର ପରି
ପାପୀ ମୁଁ ପାପର ହାତେ କି ପାରିବି ପୁଣ୍ୟର ଫୁଲ ତୋଳି
ଅକୁହା ବେଦନା ପାଣ୍ଡୁଲିପି ମୁଁ ନେବ କେ କିଆଁ ଶଙ୍ଖୋଳି ।
ପାଣ୍ଡୁଲିପିର ପତରେ ପତରେ ତୁମର କଥା କାହାଣୀ
ଇନ୍ଦ୍ରଧନୁର ଆଭା ଓ ଶୋଭାରେ ଉଚ୍ଚାଟ କରେ ଉଜାଣି ।

ତାପ ଅନୁତାପ ମନ ଗହନର ଭୋଗ ବଇରାଗ ଯେତେ
ମାନ ଅଭିମାନ ରାଗ ରୁଷାପଣ ଲେଖା ତହିଁ କିବା ସତେ ।
ଅଧାପଢ଼ା ଅଧାବୁଝା କି ରହିଲା ଆଖିର ଉତ୍ତଳା ଭାଷା
ଅସରା ଗପର ଦରଲେଖା ଲିପି ବହଳ ଅନ୍ଧାରେ ବସା ।
ମାଟି ଦୀପ ଦେହେ ପୋଡ଼ା ସଳିତା ସେ ପାଉଁଶର ଲିପି ଲେଖେ
ଶୋଷ କି ମେଣ୍ଟଇ ବରଷା ଟୋପାରେ କ୍ରୂର କାଳ ବଇଶାଖେ ।
ବିଜନ ମଶାଣି ବୁକୁରେ ନିରବ ଅଣଲୋଡ଼ା ମଲାପୀଠ
ଲୁହଲେଖେ ତୁମ ଦରସିଝା ମୁଁ କି ଭିଜା ଦରପୋଡ଼ା କାଠ ।

ପାହାଡ଼ି ମୂଳକେ ମୂକ ପଥର ମୁଁ ଯତନେ ପାତିଛି ଛାତି
ନିର୍ଝରିଣୀ ଆସି ଝରିଯାଅ ଗାଇ କୁଳୁକୁଳୁ ପ୍ରେମଗୀତ ।
ଭାବନାରେ ତୁମ ବରଷା ଝରଇ ବଉଦ ବଉଳ ଫୁଲ
ଆକାଶ କୁସୁମ ମୋତି ମେଘ ଝରେ ପରାଣ କରେ ଶୀତଳ ।
ପ୍ରେମର ଏ ନୀଳନଈ ଜଳ କେବେ ମିଠା କେବେ ଲୁଣି ଲାଗେ
ଅପୂରା ପେଟର ପ୍ରେମଘୁମ କେବେ କୋହ କେବେ ଲୁହ ମାଗେ ।
ହୃଦୟହରା ମୁଁ ତୃଷିତ ଅଧରେ ନିତି ନଈ ପାଶେ ବସି
ସତ ହେବ ବୋଲି ସାଉଁଟେ ସପନ ଫୁଲ ଯାହା ଆସେ ଭାସି ।

ସପନ କି କେବେ ହୋଇଲାଣି ସତ ମଉଳେ ଫୁଲ ପାଖୁଡ଼ା
ଅବେଳରେ ମଞ୍ଚ ପରଦା ପଡ଼ଇ ଅଟକି ଯାଏ ଆଖଡ଼ା ।
ସଜ ସକାଳର ସତେଜତା ତୁମେ ଅମଉଳା ଇସ୍ତାହାର
ଗୋଧୂଳି ବେଳର କମନୀୟ କାନ୍ତି ତୁମ ସୁନ୍ଦରତା ସାର ।
ଅଙ୍ଗ ଆଭା ତୁମ ପାହାନ୍ତି ସକାଳ ଅରୁଣିମ ସତେଜତା
କମନୀୟ କାନ୍ତି ଗୋଧୂଳି ବେଳାର ଚିତ୍ରମୟ ସରଳତା ।
ଶୟନେ ସ୍ୱପନେ ଜାଗରଣେ ତୁମ ଛବି ଆଖି ଆଗେ ଭାସେ
ପ୍ରେମ ପୁଲକର ଚନ୍ଦନ ବାସରେ ନିତି ମୋ' ଅଗଣା ବାସେ ।

ତାରାଭରା ରାତି ଗୋପନ ସୋହାଗେ ଜହ୍ନର ଜୋଛନା ବିଂଚି
ଇସାରା କରଇ ରାସ ରଚିବାକୁ ପ୍ରଣୟ କୁଆର ରଚି ।
ମରୀଚିକା କିବା ପଥିକ ପ୍ରାଣର ତୃଷ୍ଣାକୁ ସାହା ହୁଏ
ଜଳ ନୁହେଁ ଲୁହ ଯମୁନା ନଈର ଦୁଇକୂଳ ଛୁଇଁ ବହେ ।
ବନ୍ଧୁର ପିଚ୍ଛିଳ ଜୀବନ ପଥରେ ପଥିକ ମୁଁ ଅଣାୟତ୍ତ
ପତନର ବେଳ ନ ଜଣା କାହାକୁ ସାଥୀହରା ଖୋଜେ ହାତ ।
ଯେତେଦିନ ଯାଏ ହସକୁ ନିଷ୍ପ୍ରଭ କରିଥିବ ଭଙ୍ଗାମନ
ଜୀବନ ମଞ୍ଚରେ ମିଛ ବଂଚିବାର ଅଭିନୟ ସେତେଦିନ ।

ଲୁହର ଦୀପାଳି ନିଆଁ ଶିଖାତୋଳି ବିରହରେ ଜଳୁଥାଏ
ମନର ବିରସ ବେଦୀରେ ବିଚ୍ଛେଦ ବେଦମନ୍ତ୍ର ଶୁଭୁଥାଏ ।
ଆଭାଭରା ଜହ୍ନ ଆକାଶ ମଥାରେ ବିରହର ଟୀକା ଆଙ୍କେ
ଝରା ଶିରାବଣ ବିଚ୍ଛେଦ ଲୋତକେ ଝରଇ ନୟନ ଫାଙ୍କେ ।
ମନ୍ଦିର ବେଢ଼ାରେ ପ୍ରଣୟ ମଲ୍ଲୀର ମହକ ବାଢ଼େ ପୁଲକ
ମାନ ଅଭିମାନ ମନରେ ମିଳାଏ ଅଫେରା ସ୍ମୃତି ମୂଳକ ।
ଆପଣାନୁଭବ ଧୂପ ହୋଇ ଜଳେ ମହକାଏ ଅନ୍ତଃପୁର
ପ୍ରେମର ସାକ୍ଷର ସନ୍ତକ ଯା'ଲେଖା ହୋଇଥାଏ ହୃଦୟର ।

ଅନୁଭବୀ ଜାଣେ ହୃଦୟ ପଟରେ ଚିତ୍ରିତ ଛବି କଥା
ମିଳନ ବିରହ ହସଲୁହ ରାଗ ମଧୁର ଆବେଗ ବ୍ୟଥା ।
ଦିକିଦିକି ଜଳେ ଆଶାର ପ୍ରଦୀପ ନିରଳସ ଶିଖା ଟେକି
ଦରବୁଜା ପ୍ରେମ କବାଟ ଫାଙ୍କରେ ଯାଚେ ଅରଚନା ଅଳି ।
ପରାଣ ବେଦୀରେ ଜଳୁଛି ଦୀପାଳି ଅଖଣ୍ଡ ତା'ଦୀପଶିଖା
ଦଗ୍ଧ ସଳିତାର ସରଳତା ସୁରେ ଲେଖା ଏ ଜୀବନ ରେଖା ।
ହେଲେ ହୁଏ ଦଗ୍ଧ ଦୂବଘାସ ସମ ଜଳ ଟୋପେ ଆଶ କରି
ନିଠୁର ନିଦାଘ ଶୋଷେ ତଣ୍ଟି ଶୁଖୁ ଭାବୀ ବରଷାକୁ ବରି ।

ଅଛୁଆଁ ଅତୁଠ ଭଙ୍ଗା କଳସ କି କାମରେ ଆସଇ କହ
ବଣ ତୁଳସୀ କି ପାଦୁକ ପାଲଟି ପୋଛିବ ପାପୀର ଲୁହ ।
ଉଜୁଡ଼ା କ୍ଷେତର ମୂକ ମାଲିକ ମୁଁ ଆତତାୟୀ ପାଳଭୂତ
ଜହ୍ନ ଜୋଛନାର ସୁଆଦ ନ ଜାଣେ ନିଜ ହାତେ ନିଜ ହତ ।
ପରଜାପତିଙ୍କ ପ୍ରେମ ସମାଧିର ଲେଲିହାନ ଜୁଇ ଜାଳି
ପୋଡ଼ା ପାଖୁଡ଼ାର ଫୁଲଙ୍କ ପସରା ହାତରେ ଧରିଛି ଟୋକି ।
କେଉଁ ଜନମର କଳା କରମ ମୋ' ଭାଗ୍ୟକୁ କରିଛି ବାମ
କି ଦିନ କି ରାତି ନିଜ ଶବ ନିଜେ ଦାହୁଛି ଚଣ୍ଡାଳସମ ।

ଗହମଗୋରୀର ଅଳସ ଆଖିରେ ନରମ ନିଦର ଛୁଆଁ
ରମଣୀୟ ଦେହେ ଅଧାବୁଜା ଆଖି ମଧୁମାଳତୀ କିମିଆଁ ।
ପୀରତି ଜହ୍ନର ଜୋଛନା ମଦିରା ଆକଣ୍ଠ ପିଇ ଗୋପନେ
ରାସମୟୀ ଆସ ଏ ମଧୁଲଗନେ ନିରବ ରାତି ବିତାନେ ।
ଅଳସ ଦେହରେ ପଳାଶ ଫୁଲର ଅମାନିଆ ରଙ୍ଗ ନିଆଁ
କୃଷ୍ଣଚୂଡ଼ାର ଲଳିତ ଲାଭାରେ ବଇଶାଖେ ମୋହେ ହିଆ ।
ଚପଳଛନ୍ଦା ବରଷା ରାଣୀ ତା' ରୁଣୁଝୁଣୁ ନୂପୁରରେ
ମନକଥା ବୁଝି ଆନମନା କରେ ନାଚେ ମନ ଅଗଣାରେ ।

ଦୁଃଖ ଦଉଡ଼ିରେ ବନ୍ଧା ଦୋଳି ଦେହେ ହୃଦୟର ଦୋଳିଖେଳ
ସମୟ ସାଧଇ ଝରେ ଆଖିଲୁହ ଗୁନ୍ଥି ମମତାର ମାଳ ।
ଆଖିରୁ ଝରିଲା ଟୋପାଟୋପା ଲୁହେ ବତୁରେ ମମତା ମାଟି
ସେ ମାଟିରେ ଗଢ଼ା କଅଁଳ ମୂରତି ଅନିନ୍ଦ୍ୟ ତା'ପରିପାଟୀ ।
ମୂରତି ମୁହଁର ହସ ହସ ଓଠ ସରାଗର ଲିପିରେଖା
ପ୍ରେମ ଅରଚନା ପ୍ରୀତି ଆଳାପନା ସମ୍ପର୍କର ଦୀପରୁଖା ।
ଦୁବଦେହେ ମୋର ପାହାନ୍ତା ପହର ପଉଷ କାକର ସାଜି
ଶୀତଳ ପରଶେ ସବୁଜ ସପନେ ଆଲୋଡ଼ାଅ ତନୁରାଜି ।

ଓଠ ଉପକୂଳେ ଅତଡ଼ା ଖାଅଇ ଶୋଷ ସାଗର ଲହଡ଼ି
ଚାରୁ ଚୁମ୍ବନର କାରୁ ଅଙ୍କନ ଆଶାରେ ରହିଛି ପଡ଼ି ।
ବିରହ ବଉଦେ ମନ ତଳ ଓଦା, ଝରିଯାଏ ପ୍ରୀତିବାରି
ଭଙ୍ଗା ଛାତିରେ ମୋ' ସଞ୍ଚିଛି ଭରସା ବିଶ୍ୱାସ ଅସୁମାରି ।
ଶୂନ୍ୟ ଆଞ୍ଜୁଳା ମୋ' ପୂର୍ଣ୍ଣ କରିବ ସରାଗେ ତୋଷିବ ମନ
ପ୍ରୀତିଦାନେ ତୁମ ଭରିବ ପାତ୍ର ମୋ' ଜୀବନ ହୋଇବ ଧନ୍ୟ ।
ଇନ୍ଦ୍ରଧନୁର ସପ୍ତ ରଙ୍ଗରେ ରଙ୍ଗିବ ମନଗଗନ
ବଢ଼ିଲା ରାତି ତା ଗହନ ଭାବରେ ଆବୋରିବ ତନୁପ୍ରାଣ ।

ଲିଭିଲା ଦୀପକୁ ଜାଳେ ବାରବାର ସ୍ମୃତିର ତଇଳ ଢ଼ାଳି
ପୋଡ଼ା ସଳିତାର ଦେହେ ଆଦରର ବିରହ ବାରୁଦ ବୋଳି ।
ମରୁଡ଼ି କ୍ଷେତ ମୁଁ ଫଟାଛାତିରେ ମୋ' ଶୋଷର ଅଲିଭା ଗାର
ବରଷା ବିନ୍ଦୁକୁ ଆଶା ଆଜୀବନ କର ନାହିଁ ମୋତେ ପର ।
ନ ପାରିଲେ ନାହିଁ ଫସଲ ଫଳାଇ ଛାତିରେ ସବୁଜଶିରୀ
ଶୋଷିଲା ଓଠେ ମୋ' ପାନର ସୁଆଦ ମେଣ୍ଟାଇବି ମନଭରି ।
ତୃଷାର ତରଙ୍ଗ ଅଙ୍ଗେ ଅଙ୍ଗେ ଯା'ର ନିରବେ ଲହଡ଼ି ଭାଙ୍ଗେ
ତୃଷିତଠୁ ବଳି ପାରିବ କେ କଳି ସନ୍ତାପ କିଭଳି ଜାଗେ ।

ଛାତିରେ ଯାହାର ଖଇଫୁଟା ତାତି ବିଚ୍ଛେଦର ବହ୍ନି ଜଳେ
ମରମେ ମରଇ ମରମ ବେଦନା ବିଷାଦର ଢେଉ ଖେଳେ ।
ମନ ମାଟିପଠା ଲୁଚାଇ ରଖିଛି ଚିର ଚାହିଁବା ଅଙ୍କୁର
ଭୋକରେ ଗଢ଼ା ତା' ରୂପ ଭେକ ଯାହା ନୁଖୁରା ଶରଧାଘର ।
ଊଷର ବୁକୁ ତା' ବାଲି, ବତାସ ଓ ହତାଶାର ଶୁଖା ଭୂଇଁ
ଆକାଶେ କାକୁତି କରେ ଚାହିଁ ନିତି ବାରିବୁନ୍ଦା ଏକ ପାଇଁ ।
ଆକାଶେ ଉଇଁଲେ ଖଣ୍ଡ ବଉଦର ଧବଳ ଧୂସର ଛବି
ଝରେ କି ଆଶିଷ ବାରିଧାରା ସାଜି କରୁଣା କରନ୍ତି ରବି ।

କଜ୍ଜ୍ୱଳ ଆଖିର ଚୋରା ଚାହାଣି କି ମୃଦୁମାରୀ ମିଠାଛୁରୀ
ଓଠ ତୁଠେ ଯାଚ ଅମୃତ ଉଦଧି ପୀରତି ମଦିରା ଭରି
ମାଧବୀ ଲତାର କୁଞ୍ଜ ଉହାଡ଼ରେ ମଳୟ ପବନ ଛୁଆଁ
ଅଳସୀ ସଞ୍ଜର ଗୋଧୂଳି ବେଳାରେ ସତେଜ ସ୍ମୃତିର ନିଆଁ ।
ଫଗୁଣର ଫିକା ଖରାରେ ଉଜ୍ଜ୍ୱଳ ମନ ଅଗଣାରେ ମୋର
ତୁଳସୀ ଚଉରା ସାଜି କି ବିରାଜ ମହକେ ଚଉ ଦୁଆର ।
ପ୍ରେମକୋଠି କାନ୍ଥେ କଇଁଫୁଲ ଝୋଟି ଆଙ୍କି ଶୀତ ଋତୁରାଣୀ
ଜହ୍ନର କଅଁଳ କିରଣ ମୁରୁଜ ମାଖିବା କରେ ମାଗୁଣି ।

ରୂପେଲି ଜହ୍ନର ରଜତ ଆଲୋକେ ଝଲେ ପ୍ରୀତି ପାରିଜାତ
ପାଖୁଡ଼ା ପାଖୁଡ଼ା ପ୍ରେମ କଣିକାରେ ସୁନାସମ ପ୍ରତିଭାତ ।
ମୁହେଁ ରଙ୍ଗ ମାଖି ପଲାଶ ଫୁଲ ଯେ ବାଟ ଚାହିଁ ବସିଥାଏ
ରସିକ ବାଟୋଇ ଆସିବେ ଏ ବାଟେ ମନ ତା'ର କହୁଥାଏ ।
ଗୀରିଷମ ଝାଞ୍ଜି ତତଲା ପହର ଖରାର ଡହକ ପରି
ପ୍ରତୀକ୍ଷା ଜୁଇରେ କଞ୍ଚା ମୁଁ ସିଝଇ ଦରପୋଡ଼ା ଦେହ ଧରି ।
ଜାଣିଚି ମହମ ମୂରତି ମୋ' ଦେହ ତୁମେ ଟିକି ନିଆଁ ଝୁଲ
ଜାଣିଚି ହାରିବି ନିଆଁ ନାଚେ ଭେକ ଜିଣିବାକୁ ପ୍ରୀତିଫୁଲ ।

ଦିନେ ତ ଲିଭିବ ରୂପରଙ୍ଗ ରାଗ ବୟସର ବଢ଼ିସୁଏ
ଲିଭି କି ପାରିବ ପୀରତି ପରାଶ ପ୍ରେମ ନିଆଁଥିବା ଯାଏଁ ।
ଜୀବନ ତୁଠ ମୋ' ଲାଗେ ଖାଁ ଖାଁ ଆଗମନ ଆଶା କରି
ଗାଧୁଆ ବେଳ ଯେ ଗଡ଼ି ଯାଉଅଛି ଆସ ଗୋ ସାହାନ ପରୀ!
ଜୀବନ ହ୍ରଦେ ମୋ' ପ୍ରୀତି ବରଷାର ଟୋପାଟୋପା ଶିହରଣ
ପ୍ରଣୟ ପୁଲକ ପ୍ରତୀକ ପରାଏ ଆଙ୍କଇ ଭଉଁରି ଚିହ୍ନ ।
ଦୂରେ ଥାଇ ପାଶେ ଥାଅ ପ୍ରିୟତମା ଝରା ବରଷା ପରଶେ
ଦେହ ମନ ତିନ୍ତେ ସ୍ମୃତି ସରଜୁରେ ବିଭୋର ଏକାନ୍ତ ବାସେ ।

ନ ଥିଲା ରାଗରେ ରହିରହି ବାଜେ ବସନ୍ତ ରାସର ବେଣୁ
ହୃଦ ଅଗଣାରେ ଛନ୍ଦ ହାରଇ ନୂପୁରର ରୁଣୁଝୁଣୁ ।
ଫୁଲେଇ ନଈ ବେଣୀ ପାଟ ପଠା କାଣତଣ୍ଡୀ ଦରବାର
ନିରବେ ଇସାରେ ମଦିରା ପାନକୁ ଖୋଲି ପୀରତିର ଦ୍ୱାର ।
ଚାତକ ଚାହିଁଛି ତୃଷ୍ଣା ଆତୁରେ ବରଷିବ ମଉସୁମୀ
ତାପିତ ତନୁ ତା' ପ୍ରେମେ ଶୀତଳିବ ବତୁରିବ ମନଭୂମି ।
ନିରାଶା ଭରା ତା' ହୃଦ ଉଆସରେ ଭରସାର ବଇଭବ
ଭରିବ ପହିଲି ଆଷାଢ଼ର ବାରି ନ ବୁଡ଼ାଇ ଆଶାନାବ ।

ଫୁଲରସେ ବଣା ପୁଲକିତ ମତି ପଥିକ ପରଜାପତି
ପୀରତି ପାଖୁଡ଼ା ମିଠା ହାତ ଛୁଆଁ ସ୍ମୃତି ବିଭୋରିତ ରାତି ।
ନୀଳ ଲଫାଫାର ନୀଳ ସୁରଭିରେ ସୁରଭିତ ନୀଳଢ଼େଣା
ସରାଗ ସାଉଁଟି ଥକି କି ପଡ଼ିଛି ଝୁରେ ଫୁଲର ଅଗଣା ।
ଯାତନା ଜୁଇରେ ଜୀବନ ଜଳିଛି ହଜିଛି ପ୍ରତି ନିଃଶ୍ୱାସ
ଡହକ ଅଙ୍ଗାର ପାଲଟେ ବିରହ ଅସହ୍ୟ ନିଆଁର ଧାସ ।
ଆଖିଲୁହ ମରେ ଆଖିର କୋଣରେ କୁହୁଳା ଧୂଆଁର ଧାପେ
ମଲାଛାତି ନେଇ ବହେ ନୀଳ ନଈ ବଢ଼ିଲା କୋହର ଚାପେ ।

ଯାହାପାଇଁ ଛାତି ତଳେ ତୋଳିଥିଲି ଚାରୁକାରୁ ବାସଘର
ଅଭିଶାପେ କାହା ହେଲା ଜଉଘର ଚଖାଇ ତୃଷ୍ଣା ଜହର ।
ପରଜାପତିର ଆଖିତଳେ ସଜ ନିଗିଡ଼ା ଉଷ୍ମୁମ ଲୁହ
ଛାତି ତଳେ ଚାପା କୋହର ସନ୍ତକ ଶୁଖା ସଞ୍ଚରକ ଖିଅ ।
ବିରହୀ ପ୍ରେମୀ ସେ ବିରହ ତା ପ୍ରାପ୍ୟ ଉଜୁଡ଼ା କ୍ଷେତର ଚାଷୀ
ଫଟା କପାଳକୁ ଅପାଳକ ମେଘ ଦାଉ ସାଧୁଛନ୍ତି ମିଶି ।
ଭୋକର ଭୂଇଁରେ ଅଦିନ ସମାଧି ସାଧିଛି ଯେ ମହାକାଳ
ଆର ଜନମକୁ ନିଶିପାହି ନିଶ୍ଚେ ଆସିବ ନୂଆ ସକାଳ ।

۸۸۶

ଜୀବନ ଆକାଶେ ଅଜାଣତେ ତା'ର କଳାବଉଦର ମେଲି
ପ୍ରେମ ଯୁଦ୍ଧରେ ତା' ବିରାମ ରଚିଛି ଅଦିନ ଅନ୍ଧାର ତୋଳି ।
ନୋହିଲା ନାହିଁ ଏ ଜନମେ ମୋହର ତୁମ ପ୍ରୀତି ଶିରୀଲାଭ
ଜନମ ଜନମ କରିବି ଅପେକ୍ଷା ନ ହାରିବି ଧୈର୍ଯ୍ୟନାବ ।
ମନ ପରଦାରେ ସୁକୁମାରୀ କିଆଁ ଖେଳିଲ ରଙ୍ଗର ହୋରି
ପ୍ରେମ ରଙ୍ଗ ଥରେ ଲାଗିଲେ କି ଛାଡ଼େ ସାର ଖାଲି ହେବା ଝୁରି ।
ଶୁଖା ଶାଳବଣ ଆକାଶେ ଶୁଣାଏ ମାଟିର ମରମ କଥା
ମାଟିର ଶୋଷକୁ ମେଣ୍ଟାଏ ଆକାଶ ବରଷାରେ ହରେ ବ୍ୟଥା ।

ସପନ ବିଳାସୀ ଆଖିର ଆକାଶେ ଇନ୍ଦ୍ରଧନୁର ଛବି
ଜୀବନରେ ଭରି ମିଠା ଅନୁରାଗ ଜଗାଏ ଆଶାର ରବି
ଉଦାସ ମନର ମାଟିବୋଳା କାନ୍ଥେ ତୁମ ହାତ ଅଙ୍କା ଝୋଟି
ପ୍ରେମ ଅନୁରାଗେ ପାଆନ୍ତି ଜୀବନ ଫୁଲ ହୋଇଯା'ନ୍ତି ଫୁଟି ।
ଧୂଳି ଧୂସରିତ ଜୀବନ ପଥେ ମୋ' ଝରାଇ ପୀରତି ଧାରା
ସବୁଜିମା ଭରି ଫୁଲଶେଯ ପାରି ହରାଅ ନିଦାଘ ଖରା ।
ଜୀବନର ଜଳଛବି ଆଙ୍କେ ଶିଳ୍ପୀ କୋହର କବିତା ଗାଇ
ଫୁଲ ପାଖୁଡ଼ାରେ ଫଗୁଣ ହଜଇ ସ୍ମୃତି ଚିହ୍ନ ରଖିଦେଇ ।

ମଉନେ ବସନ୍ତ ମୁହଁ ମୋଡ଼ି ଫେରେ ମନେ ଭରି ଅବସାଦ
ପରଦାରେ ଅଧା ରହେ ଛବି ଅଙ୍କା ଅଧାପଢ଼ା ବର୍ଣ୍ଣବୋଧ ।
ବିରସ ବୈଶାଖ ଶୁଖିଲା ଓଠରେ ବିଷାଦେ ଭାଙ୍ଗେ ଅଳସ
ବାତୁଳ ବତାସ ସାଥେ ଅବଶୋଷ ରଚେ ଉଚ୍ଛୁଡ଼ା ଉଆସ ।
ଭସା ବାଦଲ ସେ ଛଳନାର ଛାଇ ଭାସି ଚାଲିଯାଏ ଦୂରେ
ବରଷିବ ବୋଲି କି ଆଶା ଭରସା, ଭରସା କି ରୋକିପାରେ ।
କୃଷ୍ଣଚୂଡ଼ାସମ ନିତି ନିଦାଘରେ ନିରବ ଜଳନ ସହି
ଝଞ୍ଜା ଡହକର ତୀରେ ପାଦ ଥାପି ଏକା ମୁଁ ଯାଇଛି ରହି ।

ଚିର ବିରହର ନୀଳ ଜହରକୁ ପିଇ ମୁଁ ମଦିରା ପରି
ଲୋତକ ଆଖିରେ କରୁଣ କୈବର୍ତ୍ତ ବାହୁଛି ଜୀବନତରୀ ।
ଦେବ ଅଭିଶାପ ଫଳଇ କି ସହୀ ପ୍ରେମୀର ପାଷାଣ ଦେହେ
ପ୍ରୀତିର ନିହଣ ମୁଗୁର ପରଶ ପ୍ରେୟସୀ ପାଇଁ କି ନୁହେଁ ।
ଅମଉଳା ହସ ଅଧରେ ଫୁଟିବ ଅଜାଡ଼ି ମମତା ଧାରା
ଶିଳ୍ପୀର ଚାରୁକଳା ଝଲସିବ ଶିଳାଫୁଲ ତନୁସାରା ।
ଭାଗ୍ୟଖେଳେ ବିହି ଛଡ଼ାଇ ନେଇଛି ହାତୁ ଲେଖନୀ ତୂଳୀକା
ଅଧା ଅଙ୍କା ଛବି ସାରିବି କେମିତି ଲେଖିବି ପ୍ରୀତି ଲିପିକା ।

ଘନ ଅନ୍ଧକାରେ ଅଗଣା ମୋହର ଫୁଟେ ନାହିଁ ତାରାଫୁଲ
ଛୁଟେନା ମହକ ନିଶିଗନ୍ଧାର କି ନାହିଁ ଚିନେ ଆଶାଝୁଲ ।
ଝରାବଉଳର ଆୟୁଷ ନେଇ କି ରାତିର ଶେଫାଳୀ ଫୁଲ
ସକାଳକୁ ଝରେ ସୁଖବେଳ ସରେ ଅଭିଶାପେ ହାରେ ମୂଲ ।
ଅଦିନ ଝଡ଼ରେ ଧୋଇଯାଏ ରଙ୍ଗ ମଉଳେ ମଧୁସପନ
ଝରାଫୁଲ ଝରିଯାଏ ଅବେଳରେ ବିରୂପ ଲତା ବିତାନ ।
ଅସରା ଲୁହର ବରଷାରେ କିବା ଭିଜିବାକୁ ଆଜୀବନ
ପୀରତିର ଫୁଲଶେଯେ ସାଜିଥିଲେ ଦୁହେଁ ଦୁହିଁଙ୍କର ମନ ।

ନୁହଁନ୍ତି ନିଜର କାନ୍ତିକାୟା ସବୁ ମିଛ କୁହୁଡ଼ିର ମାୟା
କେଜାଣି କାହିଁକି ଅଚିହ୍ନା ସଂସାରେ ନିଜର ଲାଗ ଗୋ ପ୍ରିୟା!
କେବେ ରାତି କେବେ ଋତୁ ହୋଇ ଆସ କେବେ ଫଗୁଣର ବାସ୍ନା
କେବେ ବରଷାର ବାରିଧାରା ସାଜ କେବେ ଜହ୍ନର ଜୋଛନା ।
ମିଛ ଖେଳଘର ଏ ସାରା ଦୁନିଆ ମିଛ ହାଟର ବିପ୍‌ପଣି
ଶୂନ୍ୟ ଶୂନ୍ୟ ଶୂନ୍ୟ ପ୍ରେମ ବିନା ମହାଶୂନ୍ୟ ଏ ମହାଧରଣୀ ।
ଚକୋର ଚକୋରୀ ମୟୂର ମୟୂରୀ ବନ୍ଧା ମେଘମାୟା ପାଶେ
ଛନ୍ଦ ରଙ୍ଗ ତୋଳି ମେଣ୍ଟାଇବେ ଶୋଷ ଆତୁରେ ବାରିଦ ଆଶେ ।

ନୀଳକଇଁ ତମେ ବସିଥିବ ଚାହିଁ ମିଳନ ପିଆସୀମନେ
ଉଇଁବେକି ଜହ୍ନ ଝରାଇ ଜୋଛନା ଦୂର ଅନ୍ଧାରୀ ଗଗନେ ।
ଦରଫୁଟା ଦେହେ ସାଜିଥିବ ରୂପ ମଧୁ ମହକ ସମ୍ଭାର
ଆଶାଢେଉମେଳେ ବିରହିଣୀ ପଣେ ରହିଥିବ ଉଜାଗର ।
ପ୍ରେମପକ୍ଷୀ ନୀଳ ଆକାଶେ ଉଡ଼ଇ ମଳୟର ଡେଣା ଖଚି
ଜୋଛନା ଜୁଆରେ ଚପଳ ଛନ୍ଦେ ଅନୁରାଗ ସୁଧା ସିଞ୍ଚି ।
ଯେଦିନ ତୁମର ମହୁଆ ଆଖିରେ ଝରିଥିଲା ପ୍ରେମଭାବ
ସେ ଦିନୁ ଭାବିଚି ଅନୁଭବ ତୁମ ମୋ' ଜୀବନ ବଇଭବ ।

ମନ ମଣ୍ଡପରେ ବିରହର ଜୁଇ ଜାଳିଲା କିଏ କାହିଁକି
ସପନ ତୋରଣ ମାଟିରେ ମିଶିଲା ହୃଦୟରେ କ୍ଷତ ଆଙ୍କି ।
ଆଖି ବୁଜିଦେଲେ ଆଖି ଖୋଲିଦେଲେ ଦିଶ ତୁମେ ନିମିଷକେ
ଭୁଲି କି ହୁଅଇ ଏତେ ସହଜରେ ଛବି ଯା'ଆଙ୍କିଛି ବୁକେ ।
ଏତେ ସହଜ କି ଛାତିରୁ ଲିଭିବା ଓଠ ଅଙ୍କା ପ୍ରୀତି ଚିହ୍ନ
ଚିହ୍ନ ନୁହେଁ ସେ ତ ପ୍ରେମର ଖୋଦେଇ ଅମଳିନ ଆଜୀବନ ।
ଅପରାଜିତାର ମହୁ କିମିଆଁରେ ବିବଶ ଅପରାଜିତ
ଦୁଃଖ ବିଳାସୀ ମୁଁ ଜୀବନ ଯୋଗରେ ଗାଉଛି ବିରହଗୀତ ।

ଅଧୀର କୋଇଲି ବିରହର ଗୀତି ପଢ଼େ ବେସୁରା କୁହୁରେ
ମଉଳା ସଞ୍ଜରେ ଛାତିର ଦରଦ ଗୁମୁରେ ବୟସ ତୀରେ ।
ମଧୁର ଆଳାପ ବିଳାପ ପାଲଟେ ବିଷାଦର ରାଗ ରଙ୍ଗେ
ନିମିଷକେ ଭାଙ୍ଗେ ପୀରତି ଆସର ମଉଳା ଆଶାର ଅଙ୍ଗେ ।
ଝରା ବଉଳ ସେ ମହକ କାହିଁ ତା' ମୋହିବ ପ୍ରେମିକା ମନ
ତପତ ଗ୍ରୀଷମ ଝାଉଁ ବତାସେ ଯେ ହାରିଛି ସୁରଭି ପଣ ।
ସ୍ମୃତିର ତଟିନୀ ବହେ କଳକଳ ମନୋଇର ମନ ନେଇ
ନଉକାଟେ ହୋଇ ଭାସେ ତହିଁ ମୁହିଁ ଥଳକୂଳ ପାଏ ନାହିଁ ।

କେବେ ସେ ଉଜାଣି ବନ୍ୟାର ଜୁଆରେ ଭସାଇ ନିଅଇ ଦୂରେ
କେବେ ଅଚଞ୍ଚଳ ମଉନ ମଗନ ଅତୀତ ଅଙ୍କା ଦେହରେ ।
ଫଗୁଣ ହଜିଛି ତମେ ଗଲାପରେ ଅଧରୁ ହସର ରେଖା
ଆଶା ଦୂର୍ବାଦଳ ମରି ପଡ଼ିଅଛି ମରିଛି ମନର ନିଶା ।
ଏ ଜୀବନ ଆଉ ପ୍ରୀତିର ଆସରେ ନେବ କି ନ ନେବ ରୂପ
ସଂଶୟ ଜାଗଇ ହତଶିରୀ ପଣେ ଦହିବ କି ଅଭିଶାପ ।
ସୂରୁଜର ଶେଷ କିରଣ ଲେଖଇ ଗୋଧୂଳି ବେଳାର ଲିପି
ପ୍ରେମିକା ପଦୁଅଁ ଫୁଲର ଚାହାଣୀ ବୁକୁତଳ ତାତିମାପି ।

ରୂପ ଲାବଣ୍ୟର ବଢ଼ିଲା ନଈରେ ନାଉରୀ ମୁଁ ବାହେ ଏକା
ବିହରିଛି କାହିଁ ଅମାରାତି କେତେ ଜହ୍ନରାତି ନାହିଁ ଶଙ୍କା ।
ଭାସେ ଦରମରା ପ୍ରଣୟ ଗଙ୍ଗାରେ ପାଏ ନାହିଁ ଥଳକୂଳ
ଅଜଣା ଗଣ୍ଡର ଭଉଁରି ଖେଳରେ ହରାଇ ମୋ' ଆତ୍ମବଳ ।
ନିରାଶା ମରୁର କଣ୍ଟକ ଗୁଳ୍ମ ମୁଁ ଭରା ଯହିଁ ହାହାକାର
ନିଦାଘ ପୋଡ଼ା ମୁଁ ଅଙ୍ଗେଅଙ୍ଗେ ମୋର ଯାତନା ହିଁ ସହଚର ।
ପାଇବାକୁ ଯାହା ଚାହିଁଇ ହୃଦୟ ପାଏନା ମୁଁ କେବେ ତା'ରେ
ଅବସୋସ ଭରା ଦୀର୍ଘଶ୍ୱାସ ହିଁ ଲେଖାଥାଏ କପାଳରେ ।

ଜଟିଳ ପ୍ରଶ୍ନ ମୁଁ ପ୍ରୀତି ଗଣିତର ଅଚ୍ଛିଣ୍ଡା ମାନସ ଅଙ୍କ
ଭାଗଶେଷ ମୋର ବିରହ ଯାତନା ମୁଁ ଚିର ସେନେହ ରଙ୍କ ।
କେଜାଣି କେମିତି କେଉଁ ଲଗନରେ ହେଲା ଆମ ପରିଚୟ
ପାଇବିନି ଜାଣି ପାଇବା ପାଇଁ କି ମନ ମୋ' ହୁଏ ଅଥୟ ।
ଭୁଲିବା ପାଇଁକି ଯେତେ ଚେଷ୍ଟା କରେ ସେତେବେଶୀ ମନେପଡ଼
ଦୁଃଖ ଦହନର ଯନ୍ତ୍ରଣା ଯାଚେ ପୀରତିର ନିଆଁ ରଡ଼ ।
ଇନ୍ଦ୍ରଧନୁର ପରମାୟୁ କିବା ପ୍ରୀତି ପାରିଜାତେ ଲେଖା
ବାସ ଚହଟାଇ ଅବେଳେ ମଉଳେ ନିମିଷ ତା'ଆୟୁରେଖା ।

ତୁମ କଥା ଭାବି ଭାବନାରେ ବୁଡ଼େ ଦୂର ଆକାଶକୁ ଚାହିଁ
ନୀଳ ଆକାଶରେ ଦିଶେ ତୁମ ରୂପ ଶୋଷ ମେଣ୍ଟିପାରେ ନାହିଁ ।
ଜହ୍ନ ଯେବେ ଉଏଁ ପୁନିଅଁ ରାତିରେ ଆକାଶେ ଜୋଛନା ଭରି
ମରମେ ମରେ ମୁଁ ଜଳିଜଳି ମନେ ତୁମ ସ୍ମୃତି ସାଥେ ଧରି ।
ରଙ୍ଗ ତୂଳୀ ସାଥେ ରଚିବି ମୁଁ ପ୍ରୀତି ଜେମାମଣି କେଶବାସ
ଅଭିସାରିକାର ତାଳଲୟେ ତୋଳି ଶ୍ରୀରୂପାର ସ୍ମିତହାସ ।
ତୁମ ଆଗମନ ନୂପୁର କମ୍ପନ ଶିହରିବ ମନପୁରୀ
ଯାମିନୀ ଯାଚିବ ମଧୁ ମଧୁପକୁ ପୀରତି ପିଆଲା ଧରି ।

ଆବେଗ ପଖଲା ସମ୍ପର୍କର ତୀର ତରଙ୍ଗେ ଭିଜଇ ମନ
ମିଳନର ମଧୁସ୍ମୃତି ସାହାନାଇ ବାଜେ ସୁରେ ଘନଘନ
ଉର୍ମିଳ ଆଖିରେ ଶାମୁକାର ମୋତି ସ୍ୱର୍ଣ୍ଣିମ ପ୍ରେମର ବେଳା
ଅନ୍ତରେ ଉଜାଣି ଯମୁନାର ଧାରା ବର୍ଣ୍ଣିଳ ଅଙ୍ଗ ମେଖଳା ।
ପାହାଡ଼ି ଝରଣା ହୋଇ ବାଟବଣା ପଥର ବୁକୁରେ ବହେ
କୁଳୁକୁଳୁ ତା'ର ଦରଦୀ ରାଗିଣୀ ମନକଥା କିବା କୁହେ ।
ମରମର ସୁର ଝରେ ଝରଝର ବନଗିରି ପାଦଦେଶେ
ସବୁଜ ବନାନୀ ଝୁରେ ପ୍ରୀତିସୁରା ଘନ ନିଦାଘ ଆବେଶ ।

ରତି ପ୍ରତିମା ଗୋ! ରୂପଶିରୀ ତୁମ ଅପଲକ ନୟନରେ
ବିଭୋର ଅଧୀର କରି ଆଜୀବନ ମୋହିଛି ହୃଦ ମଧୁରେ ।
ଅପରୂପା ଅନୁପମା ଆକର୍ଷଣେ ପ୍ରୀତିର ବସନ୍ତ ହସେ
ତନୁ ତନିମାର ରୂପ ପାରାବାରେ ଅସ୍ତିତ୍ୱ ହରାଇ ଭାସେ ।
ହେମ ହରିଣୀର ଚଞ୍ଚଳ ପଣରେ ପୀରତିର ଗିରିଝର
ମନ କନ୍ଦରରୁ ଝରେ ଭଙ୍ଗିମାରେ କଣ୍ଠରେ ତା'ପ୍ରେମସୁର ।
ଗାଇଗାଇ ଯାଏ ମିଳନ ଗୀତିକା ଶେଷ ଜଳବିନ୍ଦୁ ଯାଏଁ
ମାନ ଅଭିମାନ ବୁକୁରେ ଲୁଚାଇ ନିରନ୍ତର ଧାଉଁଥାଏ ।

ସୁନେଲି ସପନ କୁଞ୍ଜବନେ ଫୁଟେ ଜୁଇ ଜାଇ ହେନାଫୁଲ
ଫୁଲବଣେ ସଜା ମମତାରେ ଭିଜା ପ୍ରେମର ରଙ୍ଗମହଲ ।
ଅଳସ ଆଖିରେ ସପନର ଭିଡ଼ ଭାବନାରେ ଝୁମେ ମନ
ପବନ କି କହେ ଧୀରେଧୀରେ କାନେ ଆସେ ମିଳନ ଲଗନ ।
ପ୍ରୀତି କୁସୁମର ମଧୁର ସୁବାସ ପରାଣୁ ପରାଣ ହରେ
ନରମ ମରମ ମଧୁଛୁଆଁ ତୁମ ମନେ ଅନୁରାଗ ଭରେ ।
ଫୁଲ କି ପରଜାପତି ନ ଜାଣନ୍ତି ଅଳୀକତା ଆୟୁଷର
ପ୍ରୀତି ସ୍ମୃତି ଧନ ଅମୂଲ ମୂଲର ସାଇତି ରଖିବା ସାର ।

ଭସା ବାଦଲ କି ବରଷିବ ଆସି ଏ ଧୂସର ଧରାପରେ
ତାପିତ ତନୁ ତା' ଅଧୀରେ ଲୋଡ଼ଇ ଶୀତଳ ବରଷା ଧାରେ ।
ମନ ମୟୁରୀ କି ଭସା ବାଦଲର ରୋଶଣି ଆକାଶେ ଦେଖି
ଉଡାଳେ ନାଚିବ ମନ ଉପବନେ ରଙ୍ଗଭରା ପୁଚ୍ଛ ଟେକି ।
ତୃଷିତ ବେଳାର ଶୋଷ କି ମେଣ୍ଟଇ ଆଖି ଲୁହ ବରଷାରେ
ତପତେ ଦଗଧ ବାଲୁକା ଦେହ କି ଶୀତଳେ କ୍ଷଣ ସମୀରେ ।
ଲୁହଧାର ଅବା ଶୀତଳ ସମୀର ପାରେନା ପରାଣ ତୋଷି
ଉଦାସ ବେଳାର ବୁକୁତଳ ନିଆଁ ଲିଭାଇ ପାରେ କି ଶଶୀ ।

ସ୍ଥିର ପାହାଡ଼ ମୁଁ ଅଳସୀ କ୍ଷେତର ପାଟ ପଗଡ଼ି ଆବେଶେ
ନୀଳ ବଉଦର ଅପେକ୍ଷାରେ ଅଛି ଭାସି ବରଷିବା ଆଶେ ।
ଭସା ମଉସୁମୀ ଚୁମିବ ମଥାନ ଭିଜାଇ ସାରା ଶରୀର
ପଚାରି ବୁଝିବ ମନ କଥା ମୋର ଶୁଣାଇବ ପ୍ରେମଗୀର ।
ମରୁ ବାଲିଚରେ ହସିବ ଫଗୁଣ କୃଷ୍ଣଚୂଡ଼ାର ରଙ୍ଗେ
ଅନ୍ଧାର ଦୂରେଇ ଜୋଛନାର ଝୁଲେ ରୋଶଣି ଜାଗିବ ଅଙ୍ଗେ ।
ଯୋଗୀ ବେଶେ ଶତ କଳଙ୍କକୁ ବୋଳି ମଥାର ଚନ୍ଦନ ପରି
ପ୍ରେମ ଭିକ୍ଷାଥାଳ ଭରିବି ସନ୍ତୋଷେ କଣ୍ଟକକୁ ଫୁଲ କରି ।

ଧାରଧାର ଆଖି ଲୁହ ନୁହଁ ତୁମେ, ତୁମେ ମୋ' ଓଠର ହସ
ତୁମେ ମୋ' ମନର ମଉସୁମୀ ମେଘ ନୁହଁ କେବେ ନିଆଁଧାସ ।
ମରୁବାଲି ନୁହଁ, ମରୀଚିକା ନୁହଁ ଆଶାର ଆଲୋକ ରେଖା
ମନ ଖୋଜୁଥିବା ପ୍ରେୟସୀ ତୁମେ ମୋ' ଚିତ୍ରିତ ପ୍ରୀତିଲେଖା ।
କଣ୍ଟା ନୁହଁ ତୁମେ ଚଲାପଥେ ମୋର ମନବଗିଚା ଗୋଲାପ
ତୁମେ ନଈକୂଳ ପ୍ରୀତିର ଜୁଆର ବିଭୋର ମଧୁ ଆଳାପ ।
ଜଳିଲେ ଜଳିବି ପ୍ରୀତି ଜଉଶାଳେ ମିଠା ବେଦନାକୁ ନେଇ
ଚିନ୍ତା ନାହିଁ ମୋର ପ୍ରଣୟାମୃତ ଯେ ସାଇତି ଅଛ ମୋ' ପାଇଁ ।

ପ୍ରେମ ପଥେ ତୁମ ଆସିବା ବାଟକୁ ଆଜୀବନ ଚାହିଁଚାହିଁ
ଅଲୋଡ଼ା ପଥର ପରି ପଡ଼ିଥିବି ବାଲିଝଡ଼ ଯେତେ ସହି ।
ଦହନ ଦଂଶିତ ଜୀବନାବଧିରେ ନ ପଡ଼ିବି କେବେ ଥକି
ପ୍ରୀତି ଯଜ୍ଞଶାଳା ପୂଜାରୀ ସାଜି ମୁଁ ଦେବି ପୂଜାଫୁଲ ଟେକି ।
ସକାଳ ସୂରୁଜ ସଂଜେ ମୁଁ ଅସ୍ତ ବୁଝେ ନାହିଁ ଜମା ମନ
ସୂରୁଜମୁଖୀର ସମର୍ପଣ ଭାବ ଜଗାଏ ଅଥୟ ପଣ ।
ଉଇଁବା ଯିବାର ବାଟକୁ ମୋହର ହଳଦୀମୁଖୀର ଆଖି
ଚାହିଁ ରହିଥାଏ ପଲକ ନ ଥାଏ ବିଦାୟୀ ଲୋତକ ମାଖି ।

ଧରଣୀ ବୁକୁରେ ଜହ୍ନ ଜୋଛନାର ଅମୀୟ ପୁନିଅଁ ରାତି
ପ୍ରିୟ ଖୋଜେ ପ୍ରିୟତମାର ପରଶ ଦୁହେଁ ଦୁହିଁଙ୍କର ସାଥୀ ।
ପ୍ରିୟତମ କାନେ ଗୁଞ୍ଜରିତ ହୁଏ ବୀଣାଜିଣା ମଧୁସ୍ୱର
ସାତରଙ୍ଗେ ଅଙ୍କା ପ୍ରେୟସୀର ଛବି ଚମକଇ ଦରବାର ।
ମନ ଦରବାରେ ରଙ୍ଗଭରା ଦେହେ ପ୍ରେୟସୀର ରୂପତୋଳା
ଶିଳ୍ପୀ ପ୍ରେମିକର ପୀରତି ପରୀକ୍ଷା ହୃଦଛୁଆଁ ଚିତ୍ରକଳା ।
ସ୍ମୃତିର ଫଗୁଆ ଭିତରେ ସାଇତା ଶିହରିତ ଅନୁଭବ
ଅଙ୍ଗେଅଙ୍ଗେ ବୋଳି ଅଭିସାର ରଙ୍ଗ ଭିଜାଏ ମନଗରଭ ।

ସାଗରିକା ତୁମ ହୃଦ ସାଗରରେ ସାଇତା ଅମୂଲ ଧନ
ମନ ଗରଭର ଦୁର୍ଲଭ ଦରବ ଅତୁଳ ପ୍ରେମ ରତନ ।
ମନ ମୀନ ମୋର ଖୋଜି କି ପାଇବ ଅସୀମ ଦରିଆ ଦେହେ
ବିହି ଯା'ଲେଖିଛି ଘଟିବ ନିଶ୍ଚୟ ନୀଳିମା ମୋ' ମନ ମୋହେ ।
ଶୁଖିଲା ତରୁ ମୁଁ ଝୁରୁଥିବି ସିନା ପ୍ରୀତିର ବରଷା ବିନ୍ଦୁ
ତୁମେ ହେବ ମୋର ପ୍ରେମର କବିତା ଲଂଘିବାକୁ ଶବ୍ଦ ସିନ୍ଧୁ ।
ମିଳନ ଲଗନେ ମୁରଲୀର ସୁରେ ଯମୁନାର ତଟଦେଶେ
ବିତିବ ମୋ' ରାତି ମଧୁ ଆଶ୍ଳେଷରେ ପରମା ପ୍ରୀତିପରଶେ ।

ପୀରତିର ପଥ ବନ୍ଧୁର କେତେ ଜାଣିଛି ନଈର ନାଆ
ତୋଫାନୀ ବାଆର ପଥ ଓଗାଳରେ ପଥର କରିଛି ହିଆ ।
ତନୁମନ ଜାଳି ପରାଣେ ଜାଗିଛି ଇନ୍ଦ୍ରଧନୁର ଶୋଭା
ବିରହ କ୍ଷତକୁ ଚନ୍ଦନଛୁଆଁ ପରଶିଛି ପ୍ରାଣେ ଆଭା ।
ନୀଳ ଅମ୍ବରରେ କଳା ବାଦଲର ଭସା ଆସରକୁ ଦେଖି
ଚନ୍ଦ୍ରିକା ତୋଳି ବନର ମୟୂରୀ ପୀରତି ଅଞ୍ଜନ ମାଖି
ପୁଚ୍ଛ ସାଜି ନାଚେ ବନଭୂମି ପରେ ଉଲ୍ଲାସର ଉର୍ମିତୋଳି
ଗୁଞ୍ଜାଇ ମଧୁ କୁଞ୍ଜେ ଯେସନେ କଳି ପ୍ରେମେ ବାଇ ଅଳି ।

ପ୍ରେମ ଜୀବନରେ ଖରାଛାଇ ଖେଳ ହସଲୁହ ସମାଗମ
ସପନ ସ୍ତୁପରେ ପ୍ରୀତିର ମହଲ ତଥାପି ବି ଅନୁପମ ।
ଜୀବନ ତରୁର ଶାଖା ପ୍ରଶାଖାରେ ପତ୍ରଝଡ଼ାର ପୀଡ଼ା
ବିରହର ଧଳା ଚାଦରରେ ଘୋଡ଼ା ଅଲୋଡ଼ା ମୁଁ ବାସିମଡ଼ା ।
ଫଗୁଣ ପାଲଟି ଝରା ଶିରାବଣ ଝରିଯାଏ କାହାଲାଗି
ନିରାଶା ଝଡ଼ର ମଉନ ଯାତନା ଜୀବନରେ ଭୋଗିଭୋଗି ।
କି ମୂଲ ରହିଲା ଯାଚିଲା ଚିଜର ସରଗେ ରହିଲା ଶଶୀ
ତୋଳି ପାରିଲିନି ଆକାଶରୁ ଚାନ୍ଦ ହାତେ ନ ପଡ଼ିଲା ଖସି ।

ମେଘର ଡ଼େଣାରେ ପାହାଡ଼ ମଥାନେ ପୀରତି ସଂଗୀତ ଗାଇ
ବରଷା ଆସିଛି ପିଆସୀ ମନରେ ମଧୁ ପରଷିବା ପାଇଁ ।
ଭିଜିବ ଏ ବନ, ଗିରି କାନ୍ତାର ଭିଜିବେ ପ୍ରାନ୍ତର ନଈ
ପୀରତି ସନ୍ତକ ଶୁଷ୍କ ତରୁଡାଳେ କଅଁଳିବ ପତ୍ର ହୋଇ ।
ବଣୁଆ ମହକେ ବନ ମହକିବ ସବୁଜ ଦିଶି ପାହାଡ଼
କୁରେଇ ଫୁଲର ବାସ ଚହଟିବ ବାସିବ ମନ ଉହାଡ଼ ।
ଚପଲ ଚପଲା ମାଳମାଳ ମେଘ ଓଠେ ଭରି ତୋଫା ହସ
ଶ୍ରାବଣୀ ମହ୍ଲାର ରାଗିଣୀର ତାଳେ ବିତରିବ ପ୍ରୀତିରସ ।

ଅମାନିଆ ଏଇ ଭରା ଶିରାବଣେ ଭିଜୁଥିଲେ ମନ ଦେହ
ସ୍ମୃତି ଦରପଣେ ଉକୁଟି ଉଠଇ ଚିହ୍ନାଚିହ୍ନା ପ୍ରିୟା ମୁହଁ
ଭସା ବଉଦ କି ପ୍ରିୟାର କବରୀ କଳାରଙ୍ଗ ଦେହେ ମାଖି
ବିଜୁଳିରେ ଭରି ଓଠ ଅନୁରାଗ ବରଷଇ ମନଲାଖି ।
ଆଶା କି ନିରାଶା ହେବ ପ୍ରିୟତମା କଥା ଦେଇଥିଲ ଦିନେ
ଧରିଲା ଡାଳ କି ଅକାଳେ ଭାଙ୍ଗିବ ପରତେ ନ ହୁଏ ମନେ ।
ତୁମେ ଦେଖାଇଲା ସପନ ମୁଁ ଦେଖେ ଦିନ ବିତେ ସ୍ମୃତି କୋଳେ
ପ୍ରେମ ଖେଳଘର ନୁହେଁ ବୋଲି କହିଥିଲ ବୋକ ଆଢୁଆଳେ ।

ପ୍ରୀତି ମଧୁରେ ହିଁ ଲୁଚିରହିଥାଏ ଜୀବନ ଆନନ୍ଦ ସ୍ୱାଦ
ପ୍ରୀତିହରା, କାହୁଁ ଜାଣିବ ସୁଆଦ ଭରିଛି ଯା'ରେ ବିଷାଦ ।
ପାହାନ୍ତି ଆକାଶ ନିଃସଙ୍ଗ ତାରା ହିଁ ଜାଣେ ଜହ୍ନ ହରା ଦୁଃଖ
ଜୋଛନାପୀରତି ଜଳେ ସାରାରାତି ଭାସୁଥିଲା ହସମୁଖ ।
ଫୁଲଶେଯ କରି ହୃଦୟକୁ ମୋର ସଜାଇଛି ତୁମ ପାଇଁ
ନିଃସଙ୍ଗ ଜୀବନେ ସୁଖ ସରାଗର ଅସରା ଆଶାକୁ ନେଇ ।
ପ୍ରୀତି ଅନୁରାଗ ଝରିବ ଜୀବନେ ଫେରିବ ଜୀଇଁବା ଆଶା
ହସକାନ୍ଦର ଏ ଜୀବନ ନାଟକେ ସଂଚରିବ ପ୍ରୀତିଭାଷା ।

ପୀରତି ଦରବ କି ଚିଜ କେଜାଣି ଅମୂଲ ମୂଲ ତା'ନାହିଁ
ଅନୁଭବୀ ଜାଣେ ଅନୁଭବ ତା'ର ଆଉ କେ ଜାଣିବ କାହିଁ ।
ଉଚ୍ଛୁଳା ସିନ୍ଧୁ ମୁଁ ଉତ୍ତଳା ଜୁଆରେ ଜଗିଅଛି ବାଟ ଚାହିଁ
ଘନଘୋର ପଥ ଡେଇଁଡେଇଁ ଆସି ମିଶିବ ଉଦାସୀ ନଈ ।
ଗଳାରେ ଝୁଲିଲା ପ୍ରୀତି ମୋତିହାର ଛିଣ୍ଡିଯିବ ଦିନେ ବୋଲି
ପିନ୍ଧାଫୁଲ ଦିନେ ମଉଳି ଝରିବ କେବେ ବି ଭାବି ନ ଥିଲି ।
ରକତ ମାଂସର ଆଖିଠାରୁ ବଳି ମନର ଆଖିରେ ବେଶୀ
ସ୍ମୃତି କାନନରେ ଅନୂଢ଼ା କଳିକା ନୀତି ଫୁଟ ହସିହସି ।

ବନ ପୋଡ଼ିଗଲେ ସଭିଏଁ ଜାଣନ୍ତି ମନପୋଡ଼ାକୁ କେ ଜାଣେ
ଆଖିରୁ ଝରୁନି ଲୁହ ବୋଲି କିବା ନ କାନ୍ଦେ କେହି ପରାଣେ ।
ମନ ପୋଡ଼ିଗଲେ ଏ ଦୁନିଆ ଦିଶେ ଧୂଆଁ ପାଉଁଶରେ ଗଢ଼ା
ରଙ୍ଗରୂପ ଲିଭା ଜୀବନର ଛବି ସତେ କି ଅଲୋଡ଼ା ମଡ଼ା
ବିଜନ ନିଶୀଥେ ସ୍ମୃତିର ସୁଆଦ ସୁଲଳିତ ବଂଶୀସ୍ୱନ
ବିଷାଦ ଲଗନେ ଆପଣା ପଣରେ ଶୀତଳାଏ ମନପ୍ରାଣ ।
ପହିଲି ପ୍ରୀତିର ପୁଲକ ପରଶ ମନୁ କିବା ହୁଏ ଭୁଲି
ଅନ୍ତରର କଥା ଅନ୍ତରତମାକୁ କହି ହୁଏ ସିନା ଖୋଲି ।

କହି କି ପାରିବା କେଉଁଠୁ ଆସିଛେ କେଉଁଠିକି ଆମେ ଯିବା
ଆଜି ସିନା ଅଛେ ଭଙ୍ଗୁର ସଂସାରେ କାଲି କି ଆଉ ନ ଥିବା
ଜୀବନର ଧାରା ବହେ ଅବିରତ କାଳଚକ ଯାଏ ଘୂରି
ମାଟିର ଶରୀର ମାଟିରେ ମିଶିବ ଛିଣ୍ଡିଲେ ଆୟୁଷ ଡୋରି ।
ଜନମ ଜନମ ହେବ କି ନ ହେବ ଦେଖା ଯାହା ହୋଇନାହିଁ
ଅକୁହା କଥା ଯା' କହି କିବା ହେବ କହୁକହୁ ଯିବ ରହି
ସମୟର ଚକ ଗଡ଼ି ଗଡ଼ିଯାଏ ସବୁଜିମା ଯାଏ ମରି
ରଙ୍ଗଛଡ଼ା ହୁଏ ଏ ମନ ହୃଦୟ ଅତୀତକୁ ଝୁରିଝୁରି ।

ଦହନ ଜଳନ ଅଧୁରା ସପନ ମରମେ ପାଳଟି ସ୍ମୃତି
ପହିଲି ପୀରତି ଶିଖାର ଆଲୋକେ ଦୀପାଳି ଜାଳୁଛି ନୀତି ।
ସଂସାର ଯାତନା ଯୂପକାଠେ ମରେ ମନର ସରାଗ ଯେତେ
ବାସ୍ତବ ହେଲେ ହେଁ ଏ ମନ ବୁଝେନା ଅଭିମାନେ ଘାରେ କେତେ ।
ପ୍ରେମର ପରବ ପୁନିଅଁ ରାତିରେ ବିଞ୍ଚି ଚୂନା ଚୂନା ସ୍ନେହ
ଝିକିମିକି ତାରା ସାଜନ୍ତି ଦୀପାଳି ଜହ୍ନ ସାଜେ ପ୍ରିୟା ମୁହଁ ।
ଅତିଥି ଅତୀତ ମନ ଅନ୍ତଃପୁରେ ବଢ଼ାଏ ଭାବନା ତାତି
ସେ ତାତି ଉଷୁମେ ମନ ମୋ' ଭରମେ ଜୀଇଁ ଉଠେ ମଧୁରାତି ।

ଇନ୍ଦ୍ରଧନୁର ଆଭା ବୋଲି ଦେହେ ପାଦରେ ବାନ୍ଧି ନୂପୁର
ବରଷା ରାଣୀ ଗୋ ଛନ୍ଦ ଯେବେ ତୋଳ ମନେ ମାଦକତା ଭର ।
ଶିହରାଅ ତନୁମନ କଂପନରେ ଶୀତଳ ପରଶ ଦେଇ
ପୀରତି ଅଥୟ କରି ପରାଣକୁ ଯାଅ ଅବା ଛୁଇଁଛୁଇଁ ।
ଡହକ ଖରାରେ ଚଲାପଥେ ମୋର ଅସରା ଚାହିଁବା ଆଶା
ହଜେ ଆଖି ନିଦ ଆନମନା କରେ ପ୍ରଣୟର ପରିଭାଷା ।
ବୁକୁତଳ କୋହ କୁହୁଳା କୁହୁଡ଼ି ଅକୁହା କଥାର ଲେଖା
ହସିଲା ଓଠରେ ହସ ସିନା ଦିଶେ ଦୁଃଖ ରହେ ଅଣଦେଖା ।

ଆଖି ସାଗରର ଅଶାନ୍ତ ଆବେଗ ଦେଖି କି ହୁଅଇ ମାପି
ଛାତିରେ ଯାହାର ଖୋଦେଇ ହୋଇଛି ଅପଢ଼ା ବେଦନା ଲିପି ।
କେବେ ଦୁଃଖଫୁଲ, କେବେ ଲୁହଫୁଲ କେବେ ସୁଖର ଶେଫାଳି
କେବେ ମିଠାସୁର, କେବେ କୋହରାଗ କେବେ ଚୋରା ଚଇତାଳୀ ।
କେବେ ନିଶୀଥର ଛାଇ ସପନ ଗୋ! କେବେ ଦେହଲଗା ଛାଇ
ଥାଅ କି ନ ଥାଅ ସଶରୀରେ ପାଶେ ସ୍ମୃତିରେ ତ ଅଛ ରହି ।
ଜହ୍ନ କି ନ ଜାଣେ କଇଁ ପାଖୁଡ଼ାରେ ଥାଏ ଟୋପାଟୋପା ଲୁହ
ଦୂର ଗଗନରେ ବୁଡ଼େ ସିନା ଜହ୍ନ ବୁକୁରେ ତା'ଥାଏ କୋହ ।

ଅଧାଲେଖା ଗୀତ ଗାଇହୁଏ ନାହିଁ ଭାଙ୍ଗି ହୁଏ ନାହିଁ ସୁରେ
ତେବେ ବି ସେ ଲେଖା ଅଧୀର କରଇ ଭାବ ଜଗାଇ ମନରେ ।
ପରିତ୍ୟକ୍ତ ପାନ୍ଥଶାଳା କିବା କେବେ ମଧୁଶାଳା ପାଲଟିବ
ସମାଧି ମଣ୍ଡପ ଶିଳାଖଣ୍ଡ କିବା ମୁଖଶାଳାରେ ସାଜିବ ।
ଶବଦେ ଭାଙ୍ଗଇ କାଚପାତ୍ର ହେଲେ ନିରବେ ଭାଙ୍ଗେ ସପନ
ଆହୁରି ନିରବେ ନିରୋଳା ନିବାସେ ଚିହ୍ନ ଦେଇ ଭାଙ୍ଗେ ମନ ।
ପ୍ରେମ କିବା ଏକ କାଗଜର ଡଙ୍ଗା କୂଳହରା ଭାଗ୍ୟଲେଖା
ଜଳସମାଧି ତା' ଶେଷ ପରିଣତି ଦେହରେ ବୋଝେଇ ଦୁଃଖ ।

ନୀଡ଼ଭଙ୍ଗା ପକ୍ଷୀ ଆକାଶରେ ଉଡ଼େ ପୋଡ଼ିଲା ସପନ ନେଇ
ପ୍ରୀତିତରୁରେ କି ବିତିବ ଜୀବନ ପ୍ରେମବସା ଦୋହଲଇ ।
ବଂଶୀବାଦକ ମୁଁ ମନକଦମ୍ବର ମୂଳେ ବସି ବାଏ ବଂଶୀ
ଦୁଃଖ ନଦୀ ତଟେ ଚିର ଉଜାଗର ଝୁରେ ତୁମ ପ୍ରୀତିରାଶି ।
ବେପଥୁ ସ୍ୱରର ସୁରକାର ଓଠେ ଶୁଭେ ଜୀବନର ଗୀତି
କଣ୍ଠର କାଉଁରୀ ଯାଦୁଗୀତି ଅବା ଝରାଇବ ମଧୁପ୍ରୀତି ।
ହୃଦୟ ମଣ୍ଡପ ଫୁଲରେ ସଜାଇ ସରସତା ଭରି ମନେ
ଫଗୁଣ ନାଚିବ ମଳୟରେ ମୋହି କୋଇଲିର କୁହୁତାନେ ।

ଜୀବନ ମନ୍ଦିର ନିଃସଙ୍ଗ ଆଳୟ ଶୂନ୍ୟ ମଣ୍ଡପର ପୀଠ
କିଏ ବା କାହିଁକି ଧୂପଦୀପ ଜାଳି ଉଚ୍ଚାରିବ ପ୍ରେମପାଠ ।
ଲିଭିଲା ଦୀପର କୁହୁଳା ଧୂଆଁ ମୁଁ ଅନ୍ଧାରରେ ଯାଏ ମିଶି
ସଂଜଦୀପରୁ ତ ସରିଛି ତଇଳ ସ୍ମୃତିରେ ପାହିବ ନିଶି ।
ବିରହୀ ମଧୁପ ଆଖି ଖୋଜେ ଆଜି ରୂପସୀ ରକ୍ତଜବା
ରଙ୍ଗ ରୂପ ରେଣୁ ହାରି ଶିରୀହୀନ ହୋଇଛି ତା'ତନୁ ଅବା
ପ୍ରୀତି ପାଦପର ଝରାଫୁଲ ତୁମେ ମୁଁ ଗଛର କଳାଛାଇ
କଙ୍କାଳ ସାର ଛାଇଡ଼ାଳ କାହୁଁ ସାଜିବ ମିଳନ ଭୂଇଁ ।

ସୁରହୀନ ଗୀତ ଲଳିତ ଶ୍ରୁତିରେ ଜିଣିଛି କି କାହା ମନ
ଜଳନ୍ତା ଅଙ୍ଗାର ସମ ଜୀଇଁବାରେ ରଖେ କି ମାନେ ଜୀବନ ।
ମଉଳା ଫୁଲର ହାରେ ଥାଏ କିବା ସନମାନ କାହା ପାଇଁ
ପ୍ରେମହାରି ଏହି ଦୁନିଆରେ କେହି ପାରିଛି କି ସୁଖେ ଜୀଇଁ ।
ଶୁଖିଲା ନଈର ଉହକା ଛାତି କି ପାରଇ ଶୋଷ ମେଣ୍ଟାଇ
ଶୁଷ୍କ ତରୁଡାଳ ଫୁଲ ପସରାରେ ପାରେ କି ମହକ ଦେଇ ।
ଫୁଲର ପରଶ ଜାଣିବ କେମନ୍ତେ ରକତ ଝରା ଗୋଇଠି
ଲୁହର ବନ୍ୟାରେ ଘର ଯା'ବତୁରା ଅନ୍ଧାର ହୃଦୟ କୋଠି

ଆହତ ବୀଣାରେ ଛିନ୍ନ ତାରରେ ବେସୁରା ରାଗ ଝଙ୍କାର
ଥରାଇ ପାରେ କି ହୃଦୟ ତନ୍ତ୍ରୀ ଛୁଇଁ କା ଅନ୍ତପୁର ।
କଣ୍ଟକିତ ପଥେ ପଥଚାରୀ ସେ ତ ଭୁଲିଛି କୋମଳ ଛୁଆଁ
ଚଲାପଥେ ଫୁଲ ଚନ୍ଦନର ମୂଲ ତା'ପାଇଁ ରହିବ କିଆଁ ।
କାରୁଣ୍ୟର କାରାଉଆସରେ ବନ୍ଦୀ ପ୍ରେମିକ ରାଜକୁମାର
ଭଙ୍ଗା ବେହେଲାରେ ଲୋତକ ଢାଳଇ ପାଏ ନାହିଁ ପ୍ରଶ୍ନୋତ୍ତର ।
ଆହତ ହୃଦୟେ ଅନ୍ଧାର ଗଳିରେ ହେଉଥାଏ କା'ରେ ଖୋଜି
ହାତେ ଶୂନ୍ୟତାର ଅଳନ୍ଧୁ ପସରା ଜୀବନ ଲାଗିଛି ବାଜି ।

ନୀଳନଈ ଛାତି ନିରିମାଖୀ ଢେଉ ଶିଖାଏ କଅଁଳ କୁହା ।
କଅଁଳ କୁହା ସେ ସରଳା ଓଠର ଥରାଏ ପଥର ହିଆ ।
ପ୍ରେମର ନିଆଁରେ ଜଳିବା ତୋଳଇ ମିଠା ଦହନର ଦୋହା
ପୀରତି କାକର ପରଶେ ପୋଡ଼ିଛି କଳଙ୍କିତ ଦେହେ ଲୁହା ।
ଦୂର ପରବତ ଦିଶଇ ସୁନ୍ଦର ପାଖରୁ ଦିଶେ ନା ଭଲ
ଦୂରୁ ନ ଦିଶଇ ଟାଙ୍ଗରା ଛାତିରେ କେତେ ଅଛି ଖମାଖାଲ ।
ଛୁଇ ଦେହେ ଗଢ଼ା ଜୀବନ ସରଣୀ ଅବଶିଷ୍ଟ ପରମାୟୁ
ଲୁହର ଜହର ପିଇ ଦେହମନ ଦୁଃଖେ ଜଳି ସାଧେ ଦାଉ ।

ଦୂର ଦିଗ୍‌ବଳୟେ ଆକାଶ ଆଉଜେ ଧରଣୀରାଣୀର ବୁକେ
ପ୍ରୀତିବାରି ଢାଳେ ଆଶ୍ଳେଷେ ଆକାଶ ପ୍ରେମିକା ମାଟି ମହକେ ।
ମନର ନରମ ପୃଷ୍ଠା ପରେ ଥରେ ଲେଖା ଅଛି ଯା'ର ନାଆଁ
ହୃଦୟ ବେଦୀରେ ପଦରଜ ଯା'ର ତୋଳିଛି ମୁରୁଜ ନୂଆ ।
ସହଜ କି ତା'ରେ ପାଶୋରିବା ମନୁ, ରକତରେ ଯା'ର ରେଣୁ
ଅଣୁଅଣୁ ହୋଇ ଆବୋରି ବସିଛି ରଙ୍ଗାଇ ପରାଣ ତନୁ ।
ମନ ଖୋଜୁଥାଏ ହଜିଲା ଦିନକୁ ଦୁଃସହ ଦରଦୀ ହୃଦେ
ଆଉ କି ଫେରିବ ହଜିଲା ଅତୀତ ଜୀବନ ଯିବ ଆମୋଦେ ।

ଶୋକର ଶ୍ରାବଣ ନିତି ବରଷଇ ଲୁହେ ଛଳଛଳ ନଈ
କୁହୁଳା କୋହର ଧୂମ ଦୁନିଆରେ ଆଶରା ମିଳିବ କାହିଁ ।
ସଂସାର ସାଗରେ ଜୀବନ ନଉକା ଭାସେ ଟଳମଳ ହୋଇ
ଘନୀଭୂତ ସ୍ମୃତି ନୟନ ଯୁଗଳୁ ଝରେ ଲୁହ ଟୋପା ହୋଇ ।
ସାଉଁଟା ସ୍ନେହର ଗଉରବ ବାଣ୍ଟେ ମହକଭରା ଅତୀତ
ଅତୀତ ହିଁ ସାକ୍ଷୀ ସାଥୀ ଜୀବନର ସରସ ସରିତାମୃତ ।
ନିଶିପଦ୍ମ ଭାଗ୍ୟେ ଲେଖା ନାହିଁ ବୋଲି ଉଦୟ ଭାନୁର ରାଗ
ଧୂସର ପରାଗେ ମଲା ଓଠେ ହସେ ମନେ ନ ଥାଇ ସରାଗ ।

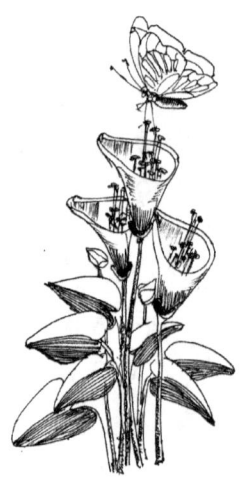

କାଳ ବଇଶାଖୀ କୋଳେ ଲିଭି ଆସେ ମମତା ପ୍ରଦୀପ ଶିଖା
ଅକାତକାତ ସେ ବିରହର ଗଣ୍ଡ ଭଉଁରୀ ମୃତ୍ୟୁଚଖା ।
ରଙ୍ଗତୂଳୀର ଉପହାରେ ବିହି ସଂଚାରିଛି ଶିଳ୍ପୀ ପ୍ରାଣ
ଲୁଚିଗଲ କାହିଁ ଶୂନ୍ୟତା ଭରିଲା ଅଧାପୂରା କରି ମାଣ ।
ଦରଅଙ୍କା ଛବି ଦରହସା ଓଠ ଦରଗଢ଼ା ଦେହହାତ
ଶୁଖା ତୂଳୀ ଶୁଖା ରଙ୍ଗର ପସରା ଶୂନ୍ୟ ପ୍ରୀତିସରିତ ।
ଦ୍ୱୈତ ଭୂମିକାରେ ନାଟିକା ରଚିବା କଥା ଥିଲା ରଙ୍ଗମଞ୍ଚେ
ନୂପୁର ପାଦରେ ମଞ୍ଜୁ ଓହରିଲେ ଅଦେଖା ବିଧାତା ପାଞ୍ଚେ ।

କୋଟି କଦମ୍ବର କାଉଁରୀ କିମିଆ ତନୁ ତନିମାରେ ବହି
ବିରାଜିବ ଅବା ମୋ' ଦୀନ କୁଟୀରେ ବିସ୍ମିତ କରି ସହୀ ।
ଜୀବନ ଖାତାର ପ୍ରତିଟି ପୃଷ୍ଠାରେ ଚିତ୍ରିତ ତୁମ କାୟା
ଅଲିଭା ଚିତ୍ର ସେ ପ୍ରୀତି ପାଦପର ଛାୟା କି ରଚିଛି ମାୟା ।
ନିହାତି ନିଷ୍ଠୁର ନିୟତିର ଖେଳ ଦୋଷ ନାହିଁ ଏଥି କା'ର
ପ୍ରୀତି ଅଭିଧାନ ପ୍ରତିଟି ପୃଷ୍ଠା ବିରହର ଶବ୍ଦଘର ।
ବିରହଘରର ଦଦରା କାନ୍ଥ ମୁଁ କ୍ଷତର ଚିତ୍ରାଗାର
ଆସିବ କି ଥରେ ଲେଖିବାକୁ ଗୀତ ଲୁହଭିଜା ଅକ୍ଷରର ।

ପରିଚୟ ହରା ମଲାହ୍ରଦ ମୁଁ କି ପୁରୁଣାକ୍ଷତର ଚିହ୍ନ
ଛାତିରେ ସାଉଁଟି ଛାତିଭରା ଶୋଷ ରହିଛି କି ଚିରଦିନ ।
ମଲାମେଘ ଭାସେ ଉଦାସ ଆକାଶେ ଧରା ବେଦନାର ବାସ
ଚନ୍ଦ୍ରିକା ତୋଳି ନାଚିବା ଆଗରୁ ବନ୍ଧନେ ପ୍ରୀତିରାସ ।
ମୟୂରୀ ଆଖିର କଜ୍ଜଳରେଖା ଉଜ୍ଜ୍ୱଳ ରଙ୍ଗରାଗ
ଜଳନ୍ତା ତରାଟ ଫୁଲ ହସ ପରି ଭୋଗେ ବିଷ ବଇରାଗ ।
କେଉଁ ସୁଖ ଶିରୀ ଆପଣାର କରି ଫୁଟିବ କୁଆଁରୀ କଳି
ଜୀଇଁ ରହିବାର ସବୁଜ ସପନ ଝଡ଼େ ଯାଇଛି ମଉଳି ।

ପୋଡ଼ା ମୁହଁ ଫଟା ଛାତିରେ ମାଟିର ଲିଭିଛି ସଜୀବ ହସ
ମଉସୁମୀ ଆଶେ ସୁନାର ସକାଳ ପାଲଟିଛି ନିଆଁବାସ ।
ପ୍ରୀତିର ପରାଗ ବିଚ୍ଛୁରିତ ହେବ ଜୀବନ ହେବ ମଧୁର
ଅଲୋଡ଼ା ଜୀବନେ ପ୍ରେମର ହିଲ୍ଲୋଳେ ହେବ ସୁଖର ସଂଚାର ।
ବାସିହୁଏ ସିନା ସଜଫୁଲ ଦିନେ ଝଡ଼ାଇ ପାଖୁଡ଼ାଶିରୀ
ରଙ୍ଗରୂପ ତା'ର ମନରେ ସାଇତା ଥାଏ ମହକକୁ ଝୁରି ।
କଥାଥିଲା ଆମ ଜୀବନବେଦୀରେ ତୋଳିବା ପ୍ରୀତିର ଘର
ଅଦିନ ଝଡ଼େ ଯା'ଉଜୁଡ଼ି ଯାଇଛି ଉଜୁଡ଼ା ହୃଦ ନଅର ।

ଚମ୍ପାବଣ ଜଳେ କୁହୁଳା ଧୂଆଁରେ ଦରସିଝା ମୃତଦେହେ
ନିଆଁରେ ସପନ ପୋଡ଼ି ଛଟପଟ ପୋଡ଼ାଗନ୍ଧେ ବାଆ ବହେ ।
ମନ ଆକାଶରେ ବିରହର ମେଘ ଭରଇ ଆଖିରେ ଲୁହ
ଧୂସର ଜୀବନେ ମନର ଦରଜ ଜଗାଏ ଛାତିରେ କୋହ ।
ନୀରବତା ଭରି ରାତି ପାହିଯାଏ ସକାଳେ ସୂରୁଜ ଉଏଁ
ନିଦହୀନ ଆଖି ଶୁଖିଲା ସପନେ ସ୍ମୃତିରେ ହିଁ ଜୀଇଁଥାଏ ।
ଅମେଇସା ରାତି ଅନ୍ଧାର ଖୋଜେ ଜହ୍ନ ଜୋଛନାର ଧାରା
ବିଗତ ଅତୀତ କଥା ଭାବି ଆଜି ଅବସାଦେ ଆତ୍ମହରା ।

ଭଲ ପାଇବାର ରଙ୍ଗ ସେ ନ ଥିଲା ବିରହର ଫଗୁଖେଳ
ପ୍ରୀତିର ଫଗୁଣ ନ ଥିଲା ସେ ଋତୁ ଅଦେଖା ନିଦାଘ ବେଳ ।
ବିରହ ବତୁରା ଜୀବନ ଛାତିରେ ଲେଖା କିବା ଦୁଃଖ ଗପ
ସେ ଗପ ନାୟକ ନାୟିକା ଆଖିରେ ସପନ ଶୋଷ ଅମାପ ।
ବାୟା ଚଢ଼େଇର ବସା ଏ ଜୀବନ ଝୁଲେ ତାଳ ବାହୁଙ୍ଗାରେ
ଖରା ବର୍ଷା ଶୀତ କାକରେ ତା'ଭାଗ୍ୟ ଲେଖା ଝଡ଼ ବତାସରେ ।
ଭାସିଭାସି ଯାଏ ଜୀବନ ନଉକା ଦିନ ନାହିଁ ରାତି ନାହିଁ
ମୃତ୍ୟୁର ଡାକ ଶୁଭିବ କେ ଦ୍ୱୀପେ କିଏ ସେ ପାରିବ କହି ।

ପୀରତି ଆକୁଳେ ମନ ବନାନୀରେ ଧାଇଁଛି ମୁଁ ଧଇଁସଇଁ
ହେମ ହରିଣୀ ଗୋ! ହଜିଲ କୁଆଡ଼େ ଦେଖା ତୁମ ପାଏ ନାହିଁ ।
ହଜିଲା ପରଶ ଫେରିବ କି ଆଉ ମନ ଯାହା ଝୁରିମରେ
ନିରବତାନଳେ ଜଳେ ଏ ଜୀବନ ଭଙ୍ଗାରାଗିଣୀର ସୁରେ ।
ବେସୁରା କୋଇଲି ସୁର, ଚଂପାଫୁଲ ବାସ ନ ଚହଟେ ଆଉ
ଜହ୍ନଭରା ରାତି ଲାଗେ ଖରାବେଳ ନିଆଁରେ ଜୀବନ ଜଉ ।
ବିରହ ସାଗର ସ୍ରୋତେ ଯେ ନାଉରୀ ବାହେ ତା'ମନର ତରୀ
ସପନ ହୁଅଇ ରାତି କି ନିଅଣ୍ଟ ଆବେଗ ଯାଅଇ ମରି ।

ସ୍ମୃତି ସତେ ଏକ ଚନ୍ଦନ ବଣ ସୁବାସେ ଯେ ମନମୋହେ
ସ୍ମୃତି ପୁଣି ଏକ ନିଆଁର ଦହନ ବିଷାଦେ ପରାଣ ଦହେ ।
ସ୍ମୃତି ସତେ ଏକ କୁହୁକ କାନନ କୁସମେ ତା'ମହକାଏ
କ୍ଷଣିକେ ତୋଳଇ ଇନ୍ଦ୍ରଧନୁ ଯା'କ୍ଷଣିକେ ଉଭେଇଯାଏ ।
ସ୍ମୃତି ସତେ ଏକ ଷୋଡ଼ଶୀ ରୂପସୀ ସୁନ୍ଦରୀ ଅନୁପମା
ସୁଷମାରେ ତା'ର ଲୁଟିନିଏ ମନ ଅପସାରି ଘନ ଅମା ।
ସ୍ମୃତି ଏକ ରୂପାଜହ୍ନ ଯା'ଜୋଛନା ଶୀତଳ କରେ ସନ୍ତାପ
ସ୍ମୃତି ଏକ ମିଠାଜାଲ ଯା'ପାଶରେ ଭୋଗଇ କେ ଅଭିଶାପ ।

ସରଳ ରେଖା ଏ ନୁହଁଇ ଜୀବନ ଜଟିଳ କୁଟିଳ ରେଖା
ନିଜ ହାତବୁଣା ଅଡୁଆସୂତାର ଜାଲ ଯା'ଖିଅ ଅଦେଖା ।
ଅଦେଖା ନିୟତି ଫିଙ୍ଗିଛି ସେ ଜାଲ ଜାଲେ ଛଟପଟ ମୀନ
ନିଃଶ୍ୱାସେ କାହିଁ ବିଶ୍ୱାସ ଯହିଁ ଜଳ ଅଭାବେ ଜୀବନ ।
ଫୁଲଶେଯ ନୁହେଁ ଜୀବନ ଅବଧି କଣ୍ଟକ ଥାଏ ଲୁଚି
ଲୁହଲହୁ ଭିଜା ଗପ କବିତାର ମିଶ୍ରିତ କର୍ମସୂଚୀ ।
ଯୁକ୍ତ ଗଣିତର ଫଳ ଏ ଜୀବନେ ସୁଖ ଦୁଃଖ ହାନିଲାଭ
ନିଜ ରଙ୍ଗ ଢଙ୍ଗେ ଭିଜାନ୍ତି ହଜାନ୍ତି ଜନେ ଦେଇ ପରାଭବ ।

٩٨٨

ବୟସର ଚକ ଯାଏ ଗଡ଼ିଗଡ଼ି ସମୟର ବଡ଼ଦାଣ୍ଡେ
ସମୟ ଆଙ୍କିଲା ଲୁହଲହୁ ଚିହ୍ନ ମନ ସିଲଟରେ ମଣ୍ଡେ ।
ସମୟ ସୁଅରେ ବର୍ଷ ମାସ ଦିନ ବିତିଯାଏ ଅବିରତ
ଯଉବନ ହଜେ ଅତୀତ ସ୍ମୃତିରେ ଜୀବନ କରି ଚିତ୍ରିତ ।
ଆଖି ଆଗେ ମୋର ପୀରତିର ଶବ ଜୁଇ ପରେ ଯାଏ ଜଳି
ଉପହାରେ ଦିଏ ସ୍ମୃତିର ପାଉଁଶ ଦିନ ଯାଏ ଭାଳିଭାଳି ।
ଯେ ଦିନୁ ହଜିଛି ସୁନା ଚାବିକାଠି ସପନର ପେଡ଼ି ଖୋଲା
ସେ ଦିନୁ ଫେରିନି ମମତା କପୋତ ମନର ପିଞ୍ଜରା ମେଲା ।

ମନ ଉଦ୍ୟାନର କଳପତରୁ ତ ସେ ଦିନଠୁ ହତଶିରୀ
ଫୁଲ କି ଫୁଟିବ ଛୁଏଁ ନା ମଳୟ ବଂଚିଛି ତୁମକୁ ଝୁରି ।
ଝଡ଼ି ସରସର ଅତୀତରେ ଓଦା ଜୀବନର ଚଉପଦୀ
ବରଷା ନ ଥମେ ନ କମେ ଦରଦ ମରମରେ ଦାଉ ସାଧ୍ି ।
ଜୀଇଁବାର ବାଟ ଭୁଲିଛି ସେ ଦିନୁ ହଜିଲ ଯେ ଦିନ ତୁମେ
ପୀରତିର ଛବି ଦରଲିଭା ଦିଶେ ଧୂଳିର ଆସ୍ତର ଜମେ ।
ଆଜି ବି ସାଇତା ପହିଲି ପୁଲକ ଦେହ ଦରବାରେ ମୋର
କଦମ୍ବ ବନରେ ପ୍ରୀତି ଉଆସ ମୋ' ଅଛି ସ୍ମୃତି ସରସର ।

ପାଉଁଶ ଶଯ୍ୟାରେ ଅତୀତ ସ୍ମୃତିର ଶୋଇରହି ପ୍ରତିକ୍ଷଣ
ଭୁଲିଛି ଛନ୍ଦ ଜୀବନ ଗୀତର ବେସୁରା କଣ୍ଠ କ୍ଷୀଣ ।
ରଙ୍ଗହୀନ ନୀଳ ଆକାଶ ଦେହରେ ବିଷାଦ ମେଘ ପସରା
ତୁହାଇ ତୁହାଇ ବରଷଇ ନୀତି ଦୁଃଖ ନଈ ଅପାସୋରା ।
ରୂପ ରଙ୍କୁଣୀ ଏ ଜୀବନରେ ଥରେ ଶ୍ରୀରୂପାର ଦରଶନ
ସରମ ସାଉଁଳା ତନୁ କି ଭେଟିବ ଲୋତକ ଭରା ନୟନ ।
ସପନ ସରସା ପରାଗ ପରଷା ନୀଳକଇଁ ଆଗୋ ନିରିମଳି
ଚାହିଁବୁ କି ଥରେ ଆକାଶେ ଉଦାସେ ବସିଛି ମୁଁ ଏକା ରୂପଝାଳି ।

ପାନ୍ଥଶାଳାର ଅଜଣା ଅତିଥି ଦିନକେଇଟାର ସାଥୀ
ପଥହୁଡ଼ା ମୁଁ ଯେ ପୀରତି ପଥିକ ଦଗ୍ଧ ତପତ ଛାତି
ନିତି ଉଜାଗର ନିଶାରେ ତୁମର ସ୍ମୃତିର ପସରା ଧରି
କ୍ଳାନ୍ତ କୁମାର ମୁଁ ଚାଲେ ଏକାଏକା ଆଖିରେ ଅଶ୍ରୁଭରି ।
କାହିଁକି ଗୋ! କୁହ ମମତାରେ ତୁମ ମରୁମନେ ଫୁଟି ଫୁଲ
ଅବେଳେ ଝଡ଼ିଲା ଅଣଦେଖା ହୋଇ କି ରହିଲା ତା'ର ମୂଳ?
ବିଛାଡ଼ି ପଡ଼ିଛି ଫିକା ପାଖୁଡ଼ାରେ ପୀରତିର ପାରିଜାତ
ବଇଶାଖି ମନ ବିରହ ବହ୍ନିରେ ଜଳେ ଆଜି ଅବିରତ ।

ମନର ମନ୍ଦିରେ ଆଜି ବି ଝଲୁଚି କନକ ପ୍ରତିମା ତୁମ
ପ୍ରଣୟ ପ୍ରଦୀପ ଜଳେ ଅହରହ ଜଳାଏ ଅନ୍ତର ମମ ।
ମଶାଣି ଭୂଇଁ ମୁଁ ଛାତିରେ ବୋହିଛି ଅତୀତ ପାଉଁଶଗଦା
ପଉଷ କାକର ଶିଶିର ସୋହାଗେ ମନ କାହୁଁ ହେବ ଓଦା ।
ଜୀବନତରୁରେ ଫୁଟି ଝରାଫୁଲ ନିରବରେ ଝରିଯାଏ
ମାଟିରେ ମିଶେ ଯା'ଅକୁହା ଆବେଗ ବେଦନା ନ ବୁଝେ କିଏ ।
ଜଳାଇ ନିଜକୁ ମଉନେ ଲୋଟିବି ହଜିବ ଜୀବନରାଗ
ଅବସୋସ ହୋଇ ପରଶର ଶୋଷ ହୃଦୟେ ଆଙ୍କିଛି ଦାଗ ।

ଭଙ୍ଗା ସପନର ଦଦରା ମଞ୍ଚରେ ନାୟକର ଅଭିଷେକ
ପ୍ରୀତିହୀନ ରାଜକୁମାର ଆଖିରେ ନା ପଲକ ନା ପୁଲକ ।
ଆକାଶ କୁସୁମ ସତେ କିବା ଆଉ ଧରାଦେବ ଏଇହାତେ
ମାୟା ମରିଚିକା ବଢ଼ାଏ ଶୋଷକୁ ମାନେ ନାହିଁ ମନରତେ ।
ସୁଖର ଆୟୁଷ ସରି ତ ଯାଇଚି ଦୁଃଖ ଏବେ ଚିର ସଖା
ଲୁହ ପିଇ ଜୀଏଁ କୋହର ଛାତିରେ ଆଉ କି ମିଳିବ ଦେଖା ।
ପାନ୍ଥଶାଳାରେ ଏକାକୀ ମୁଁ ଆଜି ବନ୍ଧୁର ଜୀବନ ପଥେ
ଲୋଡୁଛି ତୁମର ସାଥୀ ସାନ୍ନିଧ ବିନିଦ୍ର ରଜନୀ ସାଥେ ।

ବିରହେ ସାଜିଛି ନନ୍ଦନବନ ଶୁଷ୍କ ଧୂସର ଭୂଇଁ
ମରୁପଠାରେ କି ଦୂବ କଅଁଳିବ ସବୁଜିମା ଶିରୀ ନାଇ ।
ଶ୍ରାବଣ କି ସତେ ବରଷିବ ଆସି ଘୁଂଗୁର ପିନ୍ଧି ପାଦେ
ଫଟାମାଟି ଛାତି ହସିବ କି ଆଉ ଭିଜି ବରଷା ଆମୋଦେ ।
ସପନ ଫୁଲରେ ସଜଡ଼ା ଅଗଣା ମଉଳା ମହକ ନେଇ
ପ୍ରତୀକ୍ଷାର ପଥେ ଗୋପନେ ଚାହିଁଛି କାକରର ଲୁହ ନାଇ ।
ଅଲିଭା ପ୍ରେମର ଦୀପ ମିଞ୍ଜି ମିଞ୍ଜି ଜଳେ ଦେହ ଦେଉଳରେ
ଗୋଲାପ ଜଳରେ ସାହାନ କରାଇ ବସାଇବି ବେଦୀପରେ ।

ମଧୁ ମଳୟର ବାସ ଚହଟାଇ ମନ ମନ୍ଦିରେ ମୋର
ବିରାଜିବ ପୁଣି ଆରାଧ୍ୟା ରୂପେ କି ପ୍ରୀତିମନ୍ତ୍ରେ ହୃଦୟର ।
ଉଦାସ ସଂସାର ଉଦାସ ଦିଗନ୍ତ ପ୍ରତିକ୍ଷଣ ଆନମନା
ନୀରବ ଆଖିରେ ମଉନ ଭାଷାରେ କରେ ତୁମ ବନ୍ଦାପନା ।
ଇନ୍ଦ୍ରଧନୁ ରଙ୍ଗେ ରଙ୍ଗାୟିତ ହୋଇ ପ୍ରଜାପତି ମନ ମୋର
ପୁଣି କି ଉଡ଼ିବ ଡେଣା ମେଲି ଥରେ ସୀମାହୀନ ଉଦ୍ୟାନର ।
ମହାଶୂନ୍ୟେ ମହାମିଳନ ଘଟିବ ମହାଭାବକୁ ସଞ୍ଚାରି
ମହାରାସ ରଚି ଶୂନ୍ୟ ମଣ୍ଡଳରେ ବିରହ କି ନେବ ହରି ।

ଯେଉଁ ଦରପଣେ ଦେଖିଥିଲି ଦିନେ ନିଜ ମୁହଁ ରୂପକାନ୍ତି
ଭାଙ୍ଗିଯିବ ବୋଲି ଅବେଳରେ କେବେ ପଲକେ ନ ଥିଲି ଚିନ୍ତି ।
ବେସୁରା ରାଗରେ ଜୀବନ ସଂଗୀତ ଗାଉଛି ମୁଁ ଦିନରାତି
ମଉଳା ଫୁଲର ଛାଉଣି ଘରେ ମୋ' ଜୀବନର ହେବ ଇତି ।
ସମୟ ନଈର ତଟଦେଶେ ଆଜି କ୍ଳାନ୍ତ ପଥିକ ସାଜି
ଘୋଷରା ପାଦରେ ଚାଲୁଅଛି ବାଟ ଚଉଦିଗେ ଅମାରାଜି ।
ନିରବତାର ଏ ବିଜନ ବେଳାରେ ସ୍ମୃତି ଏକା ସାଥୀ ମୋର
ନିଜ ସାଥେ ଖାଲି ନିଜର ଆଳାପ ନୟନେ ଲୋତକ ଧାର ।

ବିରହ ବିଷାଦେ ମଉଳା ହୃଦୟେ ଭଙ୍ଗା ସପନର ଘରେ
ଚୂନା ଚୂନା କଳପନା ଜୀଇଁବାର ବିଳାପର ରାଗ ଭରେ ।
ସମୟ ସୁଅରେ ହାରେ ସବୁଜିମା ରିକ୍ତ ଶରୀରେ ମୋର
ଗରବ ଗରିମା ଦମ୍ଭ ଅହଂକାର ଭାଙ୍ଗି ମିଶେ ଭୂମିପର ।
କଙ୍କାଳ ସାର ତରୁଦେହେ ମୋର ଧୂ ଧୂ ଖରାବେଳ
ଛାଇ ଚାଖଣ୍ଡକୁ ମୁଣ୍ଡ ନୁହେଁ କା'ରେ ପାଳୁଥାଏ ହାହାକାର ।
ବସନ୍ତ ହେଉ କି ଆଷାଢ଼ ବରଷା ତୋଷ ନ କରେ ପରାଣ
ବିଷାଦ ଯଜ୍ଞର ଜଳନ୍ତା କାଠ ମୁଁ ଖାଇଛି ନିୟତି ହାଣ ।

ମରୁ ମରିଚିକା ଜୀବନ ପଠାରେ ମଧୁର ମଳୟ ଆଉ
ନ ବହିବ କେବେ ବିତରି ସୁବାସ ଧୂଳିଝଡ଼ ଥାଉଥାଉ ।
ସ୍ମୃତିର ନଈରେ ନାକପାଣି ହୋଇ ପହଁରେ ମୁଁ ଉବୁଟୁବୁ
ଦୁଃଖ ଦରିଆରେ ଜୀବନ ଜୁଆର ଅଚିରେ କରିଛି କାବୁ ।
ନିତି ସ୍ନାନ ମୋର ଲୁହର ନଈରେ ନଈ ଦେହେ ଜହ୍ନ ଛାଇ
ଜଉଘରେ ଜହ୍ନ ଭ୍ରମ ସୁରୁଜଇ ରୂପର ନିଆଁ ଲଗାଇ ।
ଚିତ୍ରମୟୀ ଗୋ! ଚିଦାକାଶେ ମୋର ଅଲିଭା ତୁମର ରୂପ
ଲିଭାଇ ପାରିନି କାଳ ବଇଶାଖୀ କଳାମେଘୀ କାହାଶାପ ।

ଲୁହମଖା ଆଖି ପଲକ ବିହୀନ ଚାହିଁ ରହିଥାଏ ପଥ
ଆସିବ କି ପ୍ରିୟା ଜୈତ୍ର ଉଡ଼ାଇ ଆରୋହି ପ୍ରେମର ରଥ ।
ଅମୂଲ ମୂଲ ସେ ମମତାର ଫୁଲ ପାଗଳ ଯା'ସୁରଭିରେ
ଆଶା ଅବଶୋଷ ମରିନି ଏ ଯାଏଁ ଯଦିଚ ବୟସ ସରେ ।
ଜୀବନ କି ଏକ ମିଛ ପ୍ରହେଳିକା ନୁହେଁ କେ କାହା ସାହାରା
ମହାକାଳ କୋଳେ ଶୂନ୍ୟ ହାହାକାର ହିସାବ ନିକାଶ ଭରା ।
ଦୁଃଖ ଅସରନ୍ତି ଝରେ ଲୁହ ହୋଇ ସୁରୁଜି ଲୁହର ନଈ
ସେ ଲୁହ ନଈରେ ନିରତ ସ୍ନାହାନ ସୁଖ ଚିନାକର ପାଇଁ ।

କେବେ କେଉଁଦିନ ସରିବ ଜାଣେନା ଖୋଜାଲୋଡ଼ାର ଚଇତି
ପାଏ କି ନ ପାଏ ଖୋଜୁଥିବି ନିତି ହେବାଯାଏଁ ମହାଇତି ।
ଲିଭି ଆସୁଥିବା ଜହ୍ନ ଜୋଛନା ମୁଁ ମଧୁ କି ପାରିବି ଦେଇ
ସରି ଆସୁଥିବା ଅନ୍ତିମ ସୁର ମନ କି ପାରିବି ମୋହି ।
ଝରକା ସେପାଖ ଅଲୋଡ଼ା ଆଇନା ଭଙ୍ଗାକାଚ ଖଣ୍ଡ ପରି
ପଡ଼ିଛି ମୁଁ ଏକା ଜୀବନର ପଥେ ହଜିଲା ଅତୀତ ଝୁରି ।
ଫଟା ପାହାଡ଼ରେ ଶୁଖା ଝରଣା କି ଗାଇବ ସୁରିଲା ଗୀତ
ନିଦାଘ ଆବେଶେ ରୂପରଙ୍ଗ ହାରି ହୋଇଛି ଯେ ଶୀରିହତ ।

ମଉଳା ସ୍ମୃତିର ଦରଆଲୁଅରେ ଝଲସଇ କାଚମନ
ଭଙ୍ଗା ଦରପଣ ଦେହେ ମୁହଁ ଦେଖେ ବିତିଯାଉଥିବା ଦିନ ।
କେ ଜାଣେ କେବେଳେ ଜୀବନ ଫୋଟକା ନିମିଷେ ମିଳାଇଯିବ
ଭରା ସପନରେ ନିମିଳିତ ଆଖି ରାତିକି ନିଅଣ୍ଟ ହେବ ।
ଜୀବନ ବେଳା ମୋ' କେବେ ମୁଖରିତ କେବେ ତପ୍ତ ନିରିଜନ
ଝାଞ୍ଜି ବତାସର ନିକାଞ୍ଚନ ପୀଠ ଛାଇ ଆଲୁଅ ଅଧୀନ ।
ସଜଡ଼ା ଉଜୁଡ଼ା ଭାବ ଅଭାବର ସାଉଁଟା ଅମାର ଘର ।
ଅଧା ଅଙ୍କା ଝୋଟି ବିବଶେ ମାଖିଛି ପୋଡ଼ା ମାଟି ମଲାଟର ।

ବୁକୁତଳ ଭରା ବ୍ୟଥା ବିବଶତା ଦଗ୍ଧଶ୍ୱାସର ପେଡ଼ି
ଅନୁତାପ ଅବଶୋଷର ମିଶ୍ରିତ ଚିତ୍ରିତ ପୀଡ଼ାବେଡ଼ି ।
ହୃଦୟ ଉଆସେ ଭରା ଆତ୍ମଗ୍ଲାନି ପରାଜୟ ଅନୁଭବ
ଗୁମୁରି କାନ୍ଦନ୍ତି ପଦଧ୍ୱନିରେ କା'ସରିନାହିଁ ପରାଭବ ।
ଜନମୁଁ ମରଣ ଲମ୍ବିଛି ଜୀବନ ଅଙ୍କାବଙ୍କା ପଥ ଦେଇ
ନଈ ସମ ବହେ ସମୟ ସୁଅରେ କାଳକୋଳେ ଲୀନ ପାଇଁ ।
ତୁଟି ବି ତୁଟେନା ସମ୍ପର୍କର ମୋହ ସ୍ନେହିଳ ଆଶ୍ଳେଷ ରଜ୍ଜୁ
ଅଙ୍ଗେ ଭୋଗା ଆଭା ପ୍ରେମ ପ୍ରଦୀପର ଅପସାରେ ଅମା ସଞ୍ଜୁ ।

ପ୍ରୀତି ଦରିଆର କୂଳେ ଗଢ଼ା ଅଧା କୋଣାରକୀ ପ୍ରେମାଳୟ
ଦଧିନଉତିର ଅଭାବେ ଶ୍ରୀହୀନ ଚିର ଅଭିଶାପ ମୟ ।
ଭରା ବେଦନାର ଘର ଏ ଜୀବନ ଲୁହକୋହର ଆସର
ପୀରତିର ଜୁଇ ଜଳେ ଅହରହ ରଙ୍ଗଛଡ଼ା ମନେ ମୋର ।
ମରୁ ମଲାନଈ ଭାଗ୍ୟଲେଖା ମୋର ଜୀବନର ଚଲାପଥେ
ମରୁ ପଥିକ ମୁଁ ଭରାତଟିନୀକୁ ପାଇବି କେମିତି ସାଥେ ।
ଚିର ଅବସୋସ ଡହକ ବାଲି ମୁଁ ବଇଶାଖ ମରୁଭୂମି
ତୃଷ୍ଣା ଆକୁଳ ଜୀବନ ମୋ' ଖୋଜେ ମମତାର ମଉସୁମୀ ।

ଜୀବନ ତ ଏକ ଅଭିନୟ ମଞ୍ଚ ଛାଇ ଆଲୁଅର ଘର
ଜୀବନ ଆକାଶେ କେବେ ଜହ୍ନରାତି କେବେ ମେଘର ଆସର ।
ଜୀବନ ତ ଏକ ଅଧାପଢ଼ା ଗପ ପରିଣତି ଜଣା ନାହିଁ
ଅଝଟ ନଈ ସେ କେଉଁ ଦିଗେ ଯାଏ କେହି ନ ପାରଇ କହି ।
ଜୀବନ ତ ଏକ ଆକାଶରେ ଭସା ଅଦେଖା ହାତର ଗୁଡ଼ି
ଅଦିନ ମେଘେ ସେ ବତୁରଇ କେବେ ଅଚାନକେ ଯାଏ ଝଡ଼ି ।
ଜୀବନ ତ ଏକ ବତୁରା ଆକାଶ ହସେ କେବେ ଶରତରେ
ଜୀଅନ୍ତା ଜୀବନ ଲୁହଲହୁ ଓଠେ ହସେ କାନ୍ଦେ ମରତରେ ।

ହାହାକାର ଭରା ଛାତିପାତି ମୋର ମେଘମାଳ ପ୍ରତୀକ୍ଷାରେ
ବସିଛି ଚାହିଁ ମୁଁ ନିଦାଘ ଦହନେ ଯାତନାର ଜୀବନରେ ।
ମରୁଓଟ ମୁଁ କି ନିଜ ଶବ ବୋହି ଏକାଏକା ଚାଲେ ବାଟ
ସ୍ମୃତି କଣ୍ଟକରେ ଝରାଇ ରକତ ରଚାଏ ଜୀବନ ନାଟ ।
ସମୟ ଆଙ୍କିଛି ବୁଢ଼ିଆଣୀ ଜାଲ ପଡ଼ିଛି ମୁଁ ସେଥି ବନ୍ଧା
ଅନ୍ଧ ମହୁମାଛି ମଧୁର ମାଦକେ ଆଜୀବନ କିବା ଛନ୍ଦା ।
ସପନର ମହୁ ମୁହାଣରେ ଲାଖି ଆଜି ମୁଁ ଲହୁଲୁହାଣ
ଅବସୋସେ ଭରା କାଳ ସମୁଦ୍ରରେ ଭାସେ ବୋଇତି ଜୀବନ ।

ଧୁ ଧୁ ଖରା ନିଥର ପ୍ରହର ଗୀରିଷମ ତାତିସମ
ଶୁଷ୍କ ଜୀବନ ପାତ୍ରେ ଭର ଗୋ! ପ୍ରୀତିବାରି ଅନୁପମ ।
ମଉସୁମୀ ମେଘ ଅଳସ କନ୍ୟା ଗୋ! ଚମକ ଚପଳା ପାଦେ
ମାଟି ମଧୁଗନ୍ଧେ ମତୁଆଲି ହୋଇ ହଜ ଗିରି ବାହୁବନ୍ଧେ ।
ଫୁଲେଇ ଫଗୁଣ ମଧୁମତି ତୁମେ ମଳୟର ଭରାବାସ
ପୁନେଇ ରାତିର ଉଜ୍ଜ୍ୱଳ ଚନ୍ଦ୍ରମା ମଲ୍ଲୀର ମହକାବାସ ।
କୋଟି ଐଶ୍ୱର୍ଯ୍ୟର କୁମୁଦିନୀ ତୁମେ ଉଜ୍ଜ୍ୱଳ ପଦ୍ମପ୍ରଭା
ପ୍ରୀତି ଅନୁରାଗେ ସିକ୍ତ କର ଗୋ! ସଂଚାରୀ ସ୍ୱର୍ଣ୍ଣଆଭା ।

ତୁମେ ମଧୁଗୀତି ସ୍ନିଗ୍ଧ ସକାଳ ପୁଷ୍ପିତ ଉପବନ
ବିମଳା ଅନ୍ତରା ଶାନ୍ତି ସୁଧା ମଧୁ ବିଭୋରିତ ପ୍ରେମାୟନ ।
ପ୍ରାଣର ପ୍ରୟାଣ ପ୍ରଲମ୍ବିତ ତୁମ ସ୍ମୃତିବାସର ଦହନ
ତୁମ ଆଗମନେ ପ୍ରେମର ମଳୟ ପ୍ରୀତିମୟ ପ୍ରତିକ୍ଷଣ ।
ନିରାଶାର ଘନ ଅନ୍ଧକାର ଘରେ କ୍ଷୀଣ ଆଲୋକର ରେଖା
ତୁମରି ଆଗମେ ଉଜ୍ଜ୍ୱଳେ ଅନ୍ଧାର ତୁମେ ଚାରୁ ଚିତ୍ରଲେଖା ।
ନୀଳ ଊର୍ମି ଗୋ! ସଜଳେ କି ଛୁଅଁ ଚନ୍ଦ୍ରଭାଗାର ତୀର
ମନ ଝାଉଁବଣେ ଝଂକୃତ କରି ପ୍ରେମ ସଂଗୀତର ସୁର ।

875

ମନ ଆକାଶରୁ ନ ଲିଭିବା ଯାଏ ଇନ୍ଦ୍ରଧନୁର ଛବି
ପାଉଁଶ ବୁକରେ ଲୁହଢ଼ଳା ଛବି ବାରବାର ଆଙ୍କୁଥିବି ।
ପିଆସୀ ଅତୀତ ତଟଦେଶେ ଜଳେ ଅଲୋଡ଼ା ଜୀବନ ଜୁଇ
ବିତିଲା ଦିନର ଅକୁହା କାହାଣୀ ରହିଛି ମରମେ ଜୀଇଁ ।
ପୋଡ଼ା ପରବତ ଅନାଇ ରହିଛି ଭସା ମଉସୁମୀ ମେଘ
ବରଷି ଶ୍ରାବଣେ ପୋଡ଼ା ବନାନୀର ହରିବ ଦୁଃଖ ନିଦାଘ ।
କ୍ଲାନ୍ତ ବପୁରେ ଭରି ଶୀହରଣ ସରଳା ସପନରାଣୀ
ସାହସ ବଦନେ ମଧୁ ଉଚ୍ଛାଟେ କହିବ କୋମଳ ବାଣୀ ।

କୋମଳ ଓଠରୁ କବିତା ଫୁଲର ପାଖୁଡ଼ା ପଡ଼ିବ ଝରି
ବକ୍ଷେ ଆଉଜି ତନ୍ଦ୍ରା ରଚିବ ନୟନେ ପୀୟୁଷ ଭରି ।
ହରିବ ଛାତିର ଜମିଲା ଦରଦ ହରିବ ହୃଦୟ ତାତି
ମୁଗ୍ଧ ମିଳନେ ତୋଷିବ ପରାଣ ମଧୁ ଅଭିସାରେ ମାତି ।
ନିଶିପଦ୍ମର ନୀଳ ନିମନ୍ତ୍ରଣ ନରମ ଦହନ ଶିଖା
ମଧୁ ମିଳନର ଜ୍ୱଳନ୍ତ ପୀୟୁଷ ତୁମେ ଚାରୁ ପ୍ରୀତିଲେଖା ।
କାଳକାଳ ଜାଳ ଆସକ୍ତିର ଦୀପ ଅନ୍ଧାରେ ଆଲୋକ ଭରି
ତୁମରି ସ୍ମୃତିରେ ସଦା ହସହସ ଜୀବନର କାରିଗରୀ ।

ଭଲ ପାଇବାର ଧନରେ ଧନିକ ହାରିଛି କି ଜୀବନରେ
କଣ୍ଟା ବିଛା ବାଟ ଫୁଲେ ସାଜି ହୋଇ ସୁଗମ କରିଛି ତା'ରେ
ପ୍ରେମିକ ଶିଳ୍ପୀ ମୁଁ ପ୍ରଣୟ ମମତା ଯାଚିବି ଲଳିତ ଦେହେ
ନଖରୁ ନାସିକା ଗଢ଼ିବି ଯତନେ ଭିଜିଭିଜି ଲହୁଲୁହେ ।
କଳାର କାଉଁରୀ ପରଶେ ହସିବ ପ୍ରୀତିର ପାଷାଣ ଫୁଲ
କଳା କଳପନା ରୂପରେ ଫୁଟିବ ରୂପେ କେ ନ ହେବ ତୁଲ ।
ସଧୀର ସପ୍ରେମ ଆଶ୍ଳେଷ ଛୁଆଁରେ ଭରିଦେବି ସତେଜତା
ପ୍ରେୟସୀ ଶ୍ରୀମୂର୍ତ୍ତି ଦେହେ ଲେଖାଥିବ ଅମର ପ୍ରେମର ଗାଥା ।

ରହିଛି କି କେହି ଭବ ରଙ୍ଗମଞ୍ଚେ ସରୁ ନ ସରୁ ନାଟକ
କାଳ ଶଂଖୋଳିଛି ସକଳ ସତ୍ତାକୁ ଯାଚି ମରଣ ବାହକ ।
ମୃତ ପ୍ରଜାପତି ହାରିଛି ଜୀବନ ମାଖି ପୀରତି ଅବିର
ବାସି ପାଖୁଡ଼ାରେ ମଉଳିଛି ଫୁଲ ନିରବିଛି ପ୍ରେମସୁର ।
ଖଣ୍ଡଖଣ୍ଡ ତା'ର ରଙ୍ଗଭରା ଡେଣା ଛିଣ୍ଡେ ଦଦରା ଦେହରୁ
ଲୋଳିତ ଗଳିତ ରଙ୍ଗ ହରା ଶବ ହଜଇ ମର ସଂସାରୁ ।
ପଳିତ ପାଖୁଡ଼ା ପତରରେ ଲେଖା ପ୍ରେମିକର ପ୍ରେମାକ୍ଷର
ଲିଭିଲିଭି ଯାଏ ମିଳାଏ ସୁବାସ ମଉଳେ ସୁଷମା ହାର ।

ମର ଦେହ ଦିନେ ମାଟିରେ ମିଶିବ କାଳକାଳକୁ ଏ ସତ
ମହାକାଳ କୋଳେ ଅମର ନୁହେଁ କେ ଅମର ପ୍ରେମ ଚରିତ ।
ଦେହକୁ ଦହିବା ସମୟର ଖେଳ ନୁହେଁ କେହି ଚିରନ୍ତନ
ଅଜର ଅକ୍ଷୟ ପ୍ରେମ ଗୀତାସାର ଅସରା ପ୍ରେମ କଥନ ।
କୋଟି ପୁଣ୍ୟ କୃତି ଭାଗ୍ୟେ ଥିଲେ ମିଳେ ପ୍ରେମସିନ୍ଧୁ ସନ୍ତରଣ
ପ୍ରେମେ ଜୀଏଁ ଜୀବ ପ୍ରେମ ହିଁ ବୈଭବ ତୁଚ୍ଛ ଦୈହିକ ମରଣ ।
ଦେହ, ଧନ, ସୁଖ ସନମାନ ଯାହା ଅଢ଼େଇ ଦିନର ମାୟା
ଆଜି ଅଛି କାଲି ହୋଇବ ନିଶ୍ଚିହ୍ନ ନ ରହିବ କାନ୍ତି, କାୟା ।

ପ୍ରେମ ସତ୍ୟ, ଶିବ, ପ୍ରେମ ହିଁ ସୁନ୍ଦର
ପ୍ରେମ ହିଁ ସାର ସଂସାରେ
ପ୍ରେମ ରସାପ୍ଲୁତ ଏ ସାରା ଜଗତ
ପ୍ରେମ ହିଁ ଜିଣେ ମହୀରେ ।

Love reincarnates...

BLACK EAGLE BOOKS

www.blackeaglebooks.org
info@blackeaglebooks.org

Black Eagle Books, an independent publisher, was founded as a nonprofit organization in April, 2019. It is our mission to connect and engage the Indian diaspora and the world at large with the best of works of world literature published on a collaborative platform, with special emphasis on foregrounding Contemporary Classics and New Writing.

www.ingramcontent.com/pod-product-compliance
Lightning Source LLC
Chambersburg PA
CBHW080322080526
44585CB00021B/2441